黃冠寰（清華大學工程博士）
江幸芬

科學斷八字

邏輯思考輕鬆學命理

四版

目錄

卷之一

卷之二

卷之三 八字命理基礎知識 103

卷之四

科學的八字論命法【命局篇】 141

卷之五

科學的八字論命法【大運流年流月篇】201

第四節 案例討論 218

卷之六

附錄

排盤須知的細節　372

黃冠寰

．清華大學工程博士
．現任國立大學理工科系正教授
．曾任系主任、學院副院長

很難想像我會有機會寫這本書，因為我是學理工的人，從事科學研究工作已超過二十年。因為某些特殊因緣，開始接觸並研究八字命理，這是中國文化中流傳數千年的五術★之一。當時我希望知道八字命理是否有理可據還是無稽之談，但基本上我沒有老師，完全依科學家的思維及精神來運作。我曾用英文寫過很多學術文章，但除了兒時求學寫作外，這是第一次用中文來發表文章，有詞不達意之處，還請讀者包涵。

感謝您花費時間閱讀這本書，寫作本書的一個主要目的就是「破除迷信」。一些傳統命理的論命法，基本上也可歸為迷信，因為許多人都是執著地相信他的老師所教的論命法，就算不準也沒有檢討之心，反而歸論於前世因果。這些人擺攤開館論命，許多是見人說人話，見鬼說鬼話，講些討好應承的話，就要顧客花錢改運消災，因之受害的人不知凡幾：有的人因此不敢結婚，有的情侶及夫妻被拆散，甚至有孩子因此送給別人養的人倫悲劇。

聽聞命理及風水於數千年流傳的過程中，有居心不良者散布偽書，以強本身門派的勢力，也就不難理解有許多謬誤之處被當作正法的情形。本書願成為一個引子，讓更多的朋友抱持一顆科學的心，來研究這中華民族流傳數千年的方法及理論。

★五術是中國古代文化極重要的一部分，包括山（仙）、醫、命、卜、相。一般認為源自易經。

就算能掌握五行的正理並從而預知人生的起伏，也不可迷信宿命，因為事在人為，真正成事還是掌控於自己的努力，但人生活於世界上，受宇宙氣場的作用乃是必然，所以我仍認為，一個人只要適性發展，並知所進退，人生便會有所改善。

這些年來，我抱著無妄言的心，幫助了一些朋友解除疑惑，自身及內人也多有收穫，對人生許多事能看得更開。我也請受我指點過的朋友佈施樂捐，幫助他人。常常有朋友問我興趣是什麼，以前我都回答健行、攝影、盆栽，現在我還會多說一個——哲學。

在研究八字命理的路上，感謝老婆幸芬與我的互動，她是位很聰明的女性，對人的觀感比我敏銳得多。書中有許多心得都是與她討論得出，或可說是她指點我的。若有機會幫朋友論命，我都會先和她討論，感覺上她功力比我還高呢！

《科學斷八字》初版推出之後，廣受讀者的推崇與迴響。我們真心感謝能得到廣大讀者群的認同與肯定。有不少的讀者紛紛在「黃教授命理信箱：prof.hwang.fortune.telling@gmail.com」寫信提問，我們都一一盡心回答。也有讀者遠從全台灣各地、美國、加拿大、香港、北京、新加坡等各地來找我們，與我們面對面討論八字學說及書中內容。看著讀者書本內頁畫著紅、藍、綠線，空白處外加便利貼寫著滿滿的重點筆記，我們深受感動。八字五行的道理至簡，然而應用在生命歷程、人事層面的波瀾起伏卻深遠。入我門下從我學習的弟子們，也為「科學命理、破除迷信」的使命挹注了力量，我們衷心感謝。

《科學斷八字》第三版於二〇一七年十月出版後，其英譯本《The Science of Destiny Reading Using Bazi: Demystifying BaZi the Logical Way》亦於二〇一九年五月出版了，出版社有安排於 Amazon 全球上架！

感謝弟子王英明先生（Richard Wang）數個月辛苦的翻譯，以及新加坡銀行家Paul Choo撥冗協助校訂。如果讀者有外國朋友無法閱讀中文，請介紹他們這本英譯本，讓他們有機會瞭解中華文化中的陰陽五行思想。這幾年來陸續有收到母語為英文的讀者來信，也有一些幫他們論命的經驗，可見中華文化還是受到世人的推崇及尊重。筆者及內人也十分感謝有這個推廣中華文化的機會及機緣。

二〇一七年十月，首刷的《科學斷八字》第三版除了出了電子書，也再刷多次，筆者十分感謝眾多讀者的支持。這些年來筆者參考各方讀者的意見，以及傳授弟子八字的經驗，特別將全書中容易被讀者誤解，或不容易瞭解的內容，加以修訂。如今《科學斷八字》第四版付梓，除了修訂及勘誤外，亦增加一些新的內容。

一是在〈卷之四〉增加了一節，專門討論如何由八字命局，來判斷心理狀況及心理疾病的方法，這是筆者及內人多年研究的心血結晶。八字命理對於命主心理狀況的掌控是很精準的，請大家多研究，不可入寶山而空手回。

其二是〈卷之六〉第九節講述了使用八字命盤結合醫理的一些嘗試心得，讀者可以也自行試試看。最後書末新增的附錄中包含五個小節，說明了一些排八字命局要注意的細節。

在本書一開始的前面，和第三版同，也新增了十多位筆者八字弟子所著的推薦序，這次包括好幾位醫師、大學教授、科技業的傑出人士。我覺得本書的推薦序十分珍貴，著序者來自國內外各行各業，年輕、年長都有，他們研究命理的心得及動機各不相同，值得讀者仔細參閱。很高興多年後能夠累積這麼多八字命理的學習及研究者，由他們現身說法來和讀者分享。

黃教授電子郵件信箱

prof.hwang.fortune.telling@gmail.com
寄信給黃教授、命理諮詢服務

黃教授命理八字排盤網站

http://prof-hwang-fortune-telling.org
免費的八字命盤線上排盤

黃教授命理臉書粉絲團

https://www.facebook.com/prof.hwang.fortune.telling/
每月有命理報報、定期發表文章

黃教授命理部落格

http://prof-hwang-fortune-telling.blogspot.tw
定期發表文章

江幸芬

∙清華大學學士
∙英語教師

很久以前我就開始接觸命理，常聽聞親朋好友尋訪算命先生論命解惑，舉凡摸骨、紫微斗數、卜卦、子平八字、手相、面相、姓名學、生命靈數、宮廟問事、祭改業報等，都曾聽說親朋好友嘗試過，有時自己也跟著朋友去算。感覺上算命先生若是說好命富貴、身價上億、房子數棟，當事人便喜上眉梢。就算不是真的，聽聞也爽快，懷抱美夢也覺得希望無窮；若有算命先生說當事人財源困頓、災禍纏身、人事不和，當事人便憂心忡忡，惶惶終日，心情跌宕；再有命理老師直指注意夫妻感情，另一半桃花朵朵，那便常常起家庭糾紛，非要對方立約發誓，此生只愛自己一人，否則決不善罷甘休，鎮日疑神疑鬼、自擾擾人；更甚者也有親友誤信算命師之言，激進投資，賠光了退休金。

當時我心中便有個疑問：同樣是子平八字論命，各門派說法不一，一條命可以是好命，也可以是爛命；同樣一年，有說不可投資，有說賺大錢。於理何據？於是便有了想了解命理的念頭，之後買了幾本八字命理、紫微斗數的書籍自學，奈何書中論述不明，條理不清，要背誦的規則千百條，讀得不通不透，理解得不明不白，最後宣告放棄，只好將書本束之高閣，掩埋於書櫃之中。命理當真如此懸疑不可說？如此艱澀不可深究？玄也！玄也！天機不可洩露乎？

直到數年前，先生抱回了數箱八字命理書，當作閒暇時的讀物。見他時而皺眉、時而長嘆，書中道理真偽難辨，各家論述各自表述，莫衷一是。於是他下定決心好好一探究竟，追根究柢、辨明是非，以破除迷信。他以做學問的態度研究命理，遍覽群書，剔除傳統命理之理論不通、論述不對的部分。最後以木火土金水及陰陽五行相生剋合為中心思想，建構現代八字理論基礎，再廣為蒐集案例建檔，持續追蹤命主動向，來回印證，並根據許多為別人論命的經驗，終於寫成《科學斷八字》一書。

現代八字論命揭開命理學的神祕面紗，這是一套可以應用於生活上的哲理。每個人出生都帶著一組生命密碼，搭配大運、流年、流月、流日、五行（木火土金水）陰陽相生剋合，形成人一生的生命韻律與性格特質。「知命順命」，「知天命不可為，切莫妄為之。」在當衝刺的時候，使盡全力衝刺，可得豐碩的成果；在該守成的時候，好好守成，勿亂投資，才不會損財傷本。知道自己的特質，選擇適合自己的職業，找能幫你的合夥人而不是扯你後腿的人。用適合你的方式經營你的家庭與人脈關係，人生自然順意。如果你得到此書，我們自是有緣人；如果你能通曉此書，那便是知心人了。希望此書能讓你對命理改觀，現代八字命理是科學的，不是迷信的，是確確實實可以掌握在你手裡的生活法則。

感謝冠寰用科學家窮究真理的精神，不斷研究、印證、整理、撰寫成本書，這幾年來與他一起研究案例，真是一場快樂的學習。同時真誠地感謝我的一些至親好友們，你們無私地貢獻你們的生活經驗，才是我們能完成此書最大的機緣與動力。

從二〇一三年四月《科學斷八字》第一版出版至今，來自世界各地的讀者給予我們熱烈的迴響與肯定，我們深深感謝。這些年來，成百上千個案例的研究與印證，我們更加確立這套「科學八字命理」理論的精準與堅實。

我們珍惜著因研究科學八字命理，大家志同道合，彼此相知、相熟、相挺的朋友們，在推廣科學八字的道路上，盡心盡力，攜手前進。

謝博文

．國立交通大學電子工程碩士
．原新竹科學園區半導體公司業務主管
．人上人實業有限公司總經理
．黃教授科學命理派弟子

欣聞黃教授的《科學斷八字》即將推出新版，很高興看到此書長期以來，一直在命理類叢書的銷售排行榜上，榜上有名，顯見現代人在追求掌握自己命運方式和方法上的求知若渴！二〇一二年，在一次偶然的機緣造訪了黃教授以「科學命理．破除迷信．解決疑惑．順遂人生」為宗旨而成立的命理網站，讓鑽研傳統八字命理多年的我，對現代科學命理派在斷事論命方面的精準大為驚嘆，當下便去函求見。見面時，才發現黃教授竟是當年同所國立大學的舊識，當時不僅已在專業科學領域春風化雨，成績斐然，其自創之科學命理派，更是在傳統命理派為理論基礎下，從科學的角度切入八字論命，讓現代人生活上遇到的問題和困惑在科學的論命之下，幾乎無所遁形，更能精準的斷事。現代人生活上會遇到的問題不外乎：

因為「印剋食傷」，所以決策事情錯誤；投資失利；人得憂鬱症；學生考試沒考好；

因家中長輩而產生了人事困擾；失神出意外；女性不易懷孕。

因為「食傷剋官」，所以上班族跟上司處不好，想換工作；小孩子在學校或家裡挑戰權威；老婆跟老公吵架；女性找不到對象。

因為「七殺剋比肩」，所以發生意外傷害；小人纏身；官司；生病。

因為「比劫剋財」，所以夫妻吵架；破財。

因為「財破印」，所以產生婆媳問題；為了錢做出不道德的事。

命主在熟悉黃教授科學論命的理論之後，便可以藉由充分了解自己命格特質，在大運或年運對自己有利的時候全力進攻，為自己爭取最大的幸福人生：

在「比劫生食傷」時，擬定未來計畫，投資，參加考試。
在「食傷生財」時，計畫投資或加大投資。
在「財生官時」時，轉換工作；創業。
在「官印相生」，「印生比劫」時，學習進修；充分運用難得的貴人運。
以上，在科學論命的過程中都可一一被找出。再把八字，年運和大運之間五行沖剋合化的相互變化的影響，運用在個人或公司的斷事上，便能掌握未來運勢，趨吉避凶，未卜先知。
本人不僅運用黃教授的科學論命，幫助很多朋友在面臨人生抉擇或困難時找到解決方法，更能預見不好的大運或年運來臨，找到自處方式。例如，二〇一三年底，甲木即將進氣的當時（甲木為本人的七殺星，且得八字時干財星加旺，對我之日主威脅甚大），我開始思考要如何化解即將到來為期半年多的七殺剋比劫的情況。在與黃教授討論後，既然是害怕七殺星對日主的影響，那麼派出食傷星來剋七殺星不就可以抑制七殺星的威力？食傷星主「動」，不就表示讓身體藉由運動來抵抗七殺星可能的威脅。事實證明，本人藉由不間斷的長跑運動，的確安然度過那一段七殺剋比劫的時間，不僅運勢沒受影響，身體反而更健康！
甚至，在過去幾年的實際運用之下，我們驚訝的發現，黃教授的科學論命不僅在對人的八字有著驚人的準確度，將之運用在公司的八字上來論事或斷事，竟然也能脈絡分明的分析出一家公司的運勢。本人的公司在二〇一三年初成立至今，也一直按著當時與黃教授討論後選擇的成立時辰的八字在運作，一路走來頗為順利，在此就不加贅述。
本書不僅讓從未接觸過八字命理的讀者，能從科學的角度來理解八字論命的奧妙，更能讓已學習過傳統八字命理，但正被一堆神煞口訣所困惑的讀者，提升八字論命及斷事能力。衷心希望讀者們都能透過黃教授的這本著作，來為自己和家人解決疑惑，獲得順遂的人生。

高游宸

．國立交通大學資訊工程碩士
．現任職於台北軟體公司資深工程師
．黃教授科學命理派弟子

我本身是工程師，生活中伴隨的多是邏輯的思考推理，跟命理沒有什麼淵源。而在與朋友閒聊中提到了黃教授，讓當時對人生有些許困惑的我，跟命理有了第一次的接觸。

黃教授論命過程中，用科學的方式分析、解釋命理，頗能引起我的共鳴，進而讓我跟著教授學習。

學習的過程，就如同這本書的內容，黃教授不藏私地把自己多年的心血，寄於此書中。從書裡，你可以瞭解：

——如何排出八字命盤，干支間互相的沖剋作用及合化所造成的影響，以及十神代表的意義。

——從八字的結構與十神之間的關係，分析人格特質，明白為何和長官不合、容易遭小人、感情不順，或是投資常失利。

——瞭解大運、流年、流月與八字間如何相互作用，進而讓命主明白如何在適當的時間，做最好的決定。而在不順遂的時候，做相對的改變，提升自己的運勢。

——這本書有許多可驗證的案例，從案例分析可以看到，人生中許多事情能夠透過八字來解釋。

人生歷程，禍福相倚，起起伏伏，如果能運用八字命理分析運勢，明白何時會有不順遂的應事，而能做適當的排解，轉換自己的心境，這樣在吉時到來時，才能更盡力衝刺，完美自己的人生。

跟著教授學習數年之後，對命理也小有心得，自己心胸也更加寬廣，對事物不再執著。這本書的出版，希望能讓與這本書有緣的你，能有一個不一樣的角度來看待自己的人生，也希望這本書能夠幫助對八字命理學習有熱忱的人，突破學習的盲點，進而幫助更多需要命理解惑的人。

麥經倫

．英國樸茨茅夫大學商業策略及科技資訊碩士
．文化教養專門士（日本文部科學省）
．現任資訊科技雜誌編輯、香港 Now TV 財經台《潮玩科技》客席主持
．黃教授科學命理派弟子

認識黃教授是一趟奇妙的旅程。我從小在教會的教育環境下長大，宗教讓我找到寧靜，但卻無助於解決人生中遇到的難題。每當禱告後，出現好結果時，信者就會說這是神的功勞；而沒有好結果時，就說這是神的旨意。但事實往往是：倒楣的人在倒楣的時候，無論如何禱告，還是會繼續倒楣。如果命運真的存在，它必定與人的虔誠、好壞無關，而跟別的東西有關。就這樣，我開始了探索命理的旅程。

我最初著眼的是西洋星座和十二生肖，究其學理，是人的命運會受天體影響。來自天體的輻射，主要有高能粒子流、微中子流、重力波和電磁輻射，每一種輻射都帶天體的訊息。這些訊息如何和我們互動，在科學上還沒有定論。但既然古今中外也曾利用天象來當作預測的工具，不同時空產生的能量能影響人類，像這樣的觀點，必然也有一定的理據。星座、生肖和八字正是由此引伸而來的預測學。星座和生肖的運程組合只有十二個，八字卻多達五十多萬個，要表達七十億人生命起伏的多樣性，八字自然來得比較合適。

就這樣，我開始自學八字，但不久就撞上了初學者必然碰到的一道牆：如何解盤。八字

的排盤，各家說法相同，但解盤時就說法不一。事實上，不只是八字，其他術數如玄空飛星和奇門遁甲等，都是如此。這時，令我對學習八字重新燃起希望的，便是黃教授的《科學斷八字》。

《科學斷八字》是市面上少數利用五行正理論命的著作，將傳統八字難以捉摸的定格局、決定身強身弱和捉用神的步驟，歸納為木、火、土、金、水、相生、相剋的作用，只要理解基本原則，一般人也能靈活運用來論命。此外，書中利用了大量實例，解說大運、流年和流月的氣場如何和原局發生作用，這是過去不少命理師的「不傳之祕」，值得學習命理的同好來參考。

今天，大數據可以為我們預測許多事物的未來走向，這是過去難以想像的。同樣的，八字論命這套系統的背後，也可能有一套針對某種未知數學模型的演算法，可以讓我們看出生命的起伏，只是我們仍未了解當中的法則。但只要有一顆追求事實真相的心，總有一天可以把謎底解開。

陳秐圻

．國立中正大學機械工程碩士
．現任職於台南光電產業高級工程師
．黃教授科學命理派弟子

當初，因為小兒的出生，為了幫孩子取個好名字，讓他健康平安的長大，便花了很多心思上網做功課。而在替小兒取名的過程中，也逐漸對八字有了些許興趣，於是就上網路書店，購買了幾本所謂大師出版的八字相關書籍，買回來後翻了翻，發現大部分內容都是要背很多口訣，這對於念工科的我來說，是非常痛苦的，所以就放棄了繼續閱讀那幾本書。

由於還是很想學會八字，再一次上網路書店購買相關書籍，只是這次鎖定作者的教育背景，至少要有一定水準來當作選書依據。其中看到一本書名為《科學斷八字：邏輯思考輕鬆學命理》，作者為清交博碩士畢業，是一位大學教授，上網搜尋作者關鍵字，發現作者有資訊工程領域的背景。因為資工領域要對程式語言很熟悉，而且要寫好程式語言，其思考邏輯也要有一定的水準，基於這樣的因素，再加上好奇心——為何一個正職的大學教授會寫八字命理的書籍？當我把這本書買回來之後，果然沒有讓人失望，比起之前買的八字書籍，這本書讀起來很輕鬆，因為沒有很大的背誦負擔，如此我就可以花比較多的時間思考，這也使得我對學習八字命理更有共鳴。

在這本書中，黃教授毫不藏私地將自己多年的 know how 呈現出來。書中單純以五行間的交互作用為論命基礎，配合十神相對應的意義，再加上大運流年、流月的進氣，就可精準的預測周遭的應事。認真讀完本書，仔細思考之後，你可以知道：何時壓力較大？何時比較煩？何時會損財？何時易與長官衝突？何時易做不道德的事？以及遇到上述的應事時，適合用什麼方法來通關。

另外，也可以應用在小孩的溝通教育上，當小孩在「食傷剋官」時，可以心平氣和跟他講道理；在「官剋比劫」時，提醒他出外隨時要注意人身安全；在「比劫剋財」時，提醒他盡量不要亂花錢，可以捐款做善事；在「財破印」時，提醒他莫作不道德的事，以免惹禍上身；在「印剋食傷」時，可以跟他說多跟家人或朋友出門散心。

人生在世，生活波浪的起伏各有不同，如果能加以活用八字命理來分析運勢，就能知道在人生的低潮時，何時要轉換心境，養精蓄銳，靜待波浪高潮的到來；也能知道何時可以乘著人生高起的浪潮往前衝，豐富自己的生命。更希望大家能透過這本書來幫助自己和家人，提供預防及解決問題的方向，讓自己和家人往後的人生更加和諧穩定。

李忠城

．醫學博士
．黃教授科學命理派弟子

「眾裡尋他千百度，驀然回首，那人卻在燈火闌珊處」，用這句話來形容我與黃教授的相遇，是再貼切不過了。我從大二開始學習八字，至今已經十年，期間也跟兩位老師學習過八字，而且都是要我從古書下手，例如《滴天髓》、《三命通會》、《造化元鑰》，這三本是學習八字的重要書籍，不過讀了許多、背了許多，一到面對面論命時，所用的還是以六親十神再加上神煞來論，而且再加上論流年時，無法準確地幫助命主面對未來的窘境，因此花了一堆錢卻只學了一堆皮毛，讓我有莫大的挫折。

我一直在尋找方法自學，看了許多古籍和評註，卻仍停留在原地，沒有多大的突破，直到黃教授的《科學斷八字》這本書吸引了我的注意。當我拜讀完這本書，我舊有的觀念一時被打破。這本書透過科學的角度來論命，感覺有如醍醐灌頂，很有體悟。

黃教授把自己的經驗去蕪存菁，由簡入深，用科學邏輯的方式，把我帶入了不一樣的八字領域，從基本的排盤、天干地支的陰陽相剋、六親十神的相生相剋、大運流年流月的論斷，最後到案例的討論，只花了兩個月，我就可以幫人論命並解決問題，而且我也可以為自己的將來進行佈局，不只幫助別人，也幫助自己。

在目前這個紛亂的社會裡，處處可見爭名奪利之事。學會放下，並不是一件容易的事。面對未知的未來，大家都很徬徨。在跟黃教授學習的過程中，有一天晚上，我印象非常深刻，他跟我說：「學會八字，並不是只為了賺取外快並幫助別人，最重要的是修心，只要你學會了解自己的個性跟未來，你就會比別人更容易看破並且放下。」

這句話一直深深烙印在我心裡，當時我並不是那麼能體悟黃教授的這番話，經過一段時間的閱歷，以及論命的過程，我瞭解了黃教授所要跟我說的事，重點是「知命轉念」。在此也希望這本書能夠帶給讀者許多新的觀念，並且期許能夠幫助更多的人突破自己的盲點，進而了解自己所該扮演的角色。

林鍾權

．國立雲林科技大學電機工程碩士
．現任職科技公司手機研發工程師
．黃教授科學命理派弟子

科學是精確的，不應有模糊不清。八字命理和中醫系統有相同的關係，而醫術不應該有模糊不清。命理應該從醫學角度去思考，生命是無價的，處理這些人事的一切，尤其是生老病死，應該用更嚴謹的態度去學習和思考。這樣才能幫助他人，也幫助自己。

身為科技公司的研發人員，工作數十年，在工作領域上常常會接觸到電波、電力、磁力、光譜，這些都是人類肉眼所看不到的物質，但現在科學卻有辦法進行量測和設計，並改良成影響人類前進的能量。在我們的人生中，也有許多看不到卻會影響我們前進的事物。有人原本健健康康，出門去看個房子，卻突然暈到，送醫不久後就離開人間；有人牙痛，引發敗血症，送進加護病房，醫院請家屬簽署放棄急救後，卻在一個星期之後，突然又生龍活處地走出醫院；有人生性樂觀，卻在一場失戀後，尋短離世；有人工作一路平順，外表上光鮮亮麗，但情路上卻坎坎坷坷。

面對人生的浮世繪，不免感到無奈，不知手措。生命是人世間最有價值的，我們面對人生的起起伏伏，如果有機會能提早預知，就像預防醫學那樣，提早做準備，至少可以減少衝擊，讓人生少一些遺憾，笑看人生。

幾年前，為了尋求解答，閱讀了很多書，也拜訪了許多的五術人士，但得到的答案模糊不清，無法量化，令我灰心。我也曾被說是鐵齒一族，但我並不是否定五術，只是覺得可惜：為什這無法進行科學的量化，用科學的方式來加以修正、提升，讓前人的智慧更加精進？

幸運地，我在走印星大運時（編者註：印星表示貴人），因緣際會遇到了黃教授。經過幾次面談和學習，感到黃教授在八字的領域上有一種使命感，他以科學化的方式，讓八字學更加精良，提高精確性。而黃教授也希望讓人們知道，八字理論並不是一種迷信，而是一種科學文化。在八字領域中，黃教授是非常少有的命理學家。

科學是講求使用相同的方法（也就是有固定的SOP），並且使用容易理解的方式去解釋，不需要去記憶和背誦任何艱澀的口訣。透過黃教授的理論，能推演出人生的起起伏伏，在面對自己的人生時，可以坦然面對一切，畢竟每個人都會走到相同的人生終點。如果我們能坦然面對自己人生中的一切事物變化，也能讓我們的人生更精彩順遂。

「黃粱猶未熟，一夢到華胥。」（東漢．鍾離權）

賴永和

．資深金融界人員
．黃教授科學命理派弟子

在一次逛書局的時候，發現了《科學斷八字》，這本書標榜「邏輯思考，輕鬆學命理」，在好奇心的趨使之下，我拾手買了一本。再三研讀之後，我按書中方法論述，發現斷事論命的精準度非常高。這讓迷失在傳統八字用神、強弱、格局、神煞、口訣裡的我，有點激動，於是我透過 email 連絡到作者，表示希望能夠和黃教授學習八字命理。

黃教授是理工出身，邏輯性很強。以大膽假設、小心求證的做學問態度，對八字理論去蕪存菁，以科學論證的方法，觀察命局中陰陽五行之間的交互作用，以及大運、流年、流月、流日進氣，來判斷人生的吉凶悔吝。書中案例皆經過實證，很有邏輯的分析解釋理論，為何過去會發生這樣的事，未來走勢將會如何發展，都有一套清清楚楚的邏輯論述。

這本書有別於一般傳統命理著作的半文言寫法，而是用平易近人的口語文字來敘述，讀起來輕鬆易懂，你會發現，八字原來也可以很簡單。不管你是研究命理的老鳥還是新手，這都是一本不容錯過的好書。至於到底有多好，看了就知道！

劉思誼

．英國德彼大學運動管理碩士
．京辰國際展覽行銷業務總監
．黃教授科學命理派弟子

思考再三，斟酌下筆，黃教授的邀請重中之重，對於學習命理，一路以來的想法與心得，一絲一毫的表達與體會，都是需要很慎重的！

相信很多人跟我一樣，對算命有一種依賴感，尋求對於未來的一種篤定的感覺，每逢過年，就會拜訪相熟的算命老師，或是聽說哪邊有厲害的算命老師，去聽一聽每年需要注意的事情。當初也是這樣因緣際會認識教授，進而隨著黃教授學習八字命理，非常巧合教授夫人也是我新竹女中的學姊。學習的時候，以非常有系統與經過彙整的有條理的步驟，讓我很快的了解陰陽五行和相生相剋的概念，推演八字格局裡面所產生的變化，越覺得命理的有趣。

跟隨黃教授學習八字命理之前，我是完全沒有學習過任何命理的知識，多虧老師以淺顯易懂再加上邏輯推理的方式引導，竟然也能一窺這八字命理堂奧。因自身工作的關係，常接觸到許多各行各業的客戶，透過對於八字命理的了解，更可以很快的深入了解這些客戶的喜愛，對症下藥，順勢而為，對於工作與人生獲益匪淺。

科學斷八字，排除了許多迷信的因素，在對的時間做對的事，該沉潛的時候，千萬別強出頭，與不同個性的人，該怎麼樣適當的相處與「對付」！在重要的時候，得到了該有的圓滿，或是更圓滿的結果，相信也是許多人都希望的。命運是相對而不是絕對的，如何維持人生的高坡段，絕大部分都是在於每個人自身，期望每一位有幸接觸到這本書的朋友，都能夠充分理解八字命理其中內涵，掌握自己的人生，順遂安康！

周雨薇

・台灣大學國企系及美國柏克萊大學 MBA
・服務台灣金融界多年
・《職場八字識人術》作者之一
・黃教授科學命理派弟子

李品心

・台灣大學國貿系及美國柏克萊大學 MBA
・縱橫兩岸電子業二十餘年
・《職場八字識人術》作者之一
・黃教授科學命理派弟子

原以為八字是帶有某種神祕宗教色彩的玄學，因緣際會得入黃教授門下，從科學的角度帶領我們進入八字命理學的領域，不至於在學習過程中「走火入魔」，更深刻領悟到八字命理學其實是中國哲學思想，從遠古的河圖洛書、易經的陰陽、先秦鄒衍的陰陽家，以及醫學經典的黃帝內經等等，都是八字的根源。漢朝董仲舒天人感應及天人合一；五代末的徐子平集八字命理學於大成；到明朝開國名臣劉伯溫的《滴天髓》；清朝內閣大學士陳素庵的《命理約言》；甚至清朝雍正皇帝本身，也是八字推命高手！

簡言之，八字，這個上天賦予個人的生命密碼，繪出生命中的命與運的變化起伏，是一個瞭解內心世界的過去、現在到未來的語言。孔子曾說，「四十不惑，五十而知天命」，從每個人特有的八字密碼解讀所謂「天機」，我們才能知道生命的可能性，才能知天命而從心所欲。

記得黃教授第一堂課就告訴我們：八字不是迷信，也沒有命中註定！學習八字是一種自我的反省，所以黃教授希望透過科學觀點，來重新演繹古老的中國哲學，讓更多華人也能夠理解這套中國老祖宗的智慧結晶，透過八字命理學，重新省視自我，讓那些拿著八字命理學招搖撞騙、害人無數的江湖術士無所遁形！

某些其他門派的老師總是用神秘的角度，以不外傳的理由，下令弟子封口，但是黃教授不只鼓勵弟子們相互討論，更著書立言，識貨的人就知道黃教授是如何無私地在這本書中分享他的學問，這也是《科學斷八字》至今不斷再版的原因，證明黃教授從科學角度深入淺出八字命理學，受到大家的肯定，也讓越來越多人得以一窺八字命理學的堂奧。

架構清楚、邏輯嚴謹、深入淺出，是這本書與其他八字書籍最大不同之處，因為我們夫婦倆有著高度的好奇心，凡事不研究則已，一研究必然是鋪天蓋地，幾乎所有八字命理學的書籍，我們都參閱過，如果連這本《科學斷八字》也無法讓您了解何為八字命理學，那其實也不用浪費時間去看其他相關書籍了！

Kelly

‧現居加拿大
‧黃教授科學命理派弟子

從小，我就對命理學非常感興趣，買了許多相關書籍，期間試著透過自我閱讀書籍去了解，但總是因為書的措辭內容太過艱澀，而難以理解。常是翻不了幾頁，就擱置在一旁了。直到有一次，家中發生事情，茫茫然中不知所措，急著想從八字命理中尋找解答，但也不想在慌然中被左右，還是希望從書籍中對八字有所理解。因緣際會之下發現了《科學斷八字》這本書，至今所閱讀過的有關八字的書籍，沒有一本能像《科學斷八字》一樣，讓我能很快理解，並閱讀完整本內容。

黃教授以科學的角度去分析八字的奧秘，由基本五行相生相剋合化來剖析八字，並從流年流月進氣的影響，來得知生命的起伏，藉由研究八字的運行道理，使我更了解自己的個性，更能通透人生。讓自己不是一昧的迷信，或只是消極地妥協，而是更積極地運命，掌握自己的人生。《科學斷八字》讓我在面對迷惑、處於困境時，懂得適時的放下，用開放寬廣的心去接受，看待人生的方式也變得更不一樣。

推薦序11

陳欣囍

・廣州中醫藥大學碩士
・資深中醫工作者
・現任命理諮詢老師
・黃教授科學命理派弟子

向黃教授學習科學八字之前，我就已經從業命理界。從一開始從業前的拜師學習、到從業時自覺不足再另外進修，我求教過的老師無數，三不五時就光顧舊書攤，家裡堆了滿坑滿谷的命理書籍。我從原本對於命理玄奧學問那種滿心期待的心情，到失望、沮喪、瓶頸，甚至後悔鑽研命理。因為在為客戶諮詢的過程中，我感受到了攏統、模稜兩可、含糊交代不清，沒有一個明確答案。這不是我要研究的命理，也不應該是這樣對待信任我的客戶，我也擔心給了他們錯誤的建議。我曾相信命理是一門「邏輯學」、「統計學」，結合了中國數千多年天干地支、五行智慧結晶的浩瀚學問，但卻淪為各門派斷命標準不一之窘境，難道命理真的是如此玄妙？難道我真的要去學習如何通靈？

如果不是因為自己已經從業，或許早就放棄命理、放棄尋尋覓覓，但為了對自己的客戶提供更專業的命理諮詢，我持續的尋找「命理真理」，總算是皇天不負苦心人，也或許是冥冥之中自有安排，在一次過年春節期間，我夜晚睡不著，到多年不曾踏入的二十四小時敦南誠品書局看書，赫然瞥見到還在補書車上的《科學斷八字》，頓時心中雀躍不已，難道這會是我所要的？封面上寫的「邏輯思考」，不就是我一直追求的命理大道嗎？

這一翻閱之下，簡直驚為天人，哎呀呀，不得了，居然能有人能夠將命理剖析至如此精確的程度，並且透過書中的分析命理準則，能準確的分析出「哪一年、哪個月、哪一天」會發生，這實在太神奇，查看黃教授的資歷，並非「祖傳命理」，也非「通靈體質者」，而是一位講究科學的工程博士，這或許讓很多命理從業者嗤之以鼻，有外行人領導內行人之嫌；但對我來說，這不但沒讓我產生不信任的感覺，反而讓我更相信黃教授絕對能帶領我在命理的學習上，更上一層樓，因為科學研究者是實事求是的，絕對沒有含糊不清的地帶，這就是「命理」與「科學」所碰撞出的驚人火花。

以往很少在書局購買新書的我，毫不猶豫的買下這本書，迫不及待的衝回家，埋頭鑽研。我很慶幸自己雖然從傳統八字入門，卻沒有被傳統八字的門戶之見拘泥，在我的觀念中，有道理的就是真理，是真理就應該接受。黃教授書中說的理論，也受到我很大的認同，我像是找到知音一樣。不同的是，我只存在茫然的失落中，黃教授卻靠著研究科學的精神，將整個命理輪廓釐清了。

研讀了這本書後，我的功力果然大增，如同吃了大還丹一樣，不過是「半條的」大還丹（用法出自港產電影《摩登如來神掌》），對業餘的人來說，這或許已經綽綽有餘了（都已經能佛笑伽羅、能輕易飛天），但對於我這從業者來說，是絕對不夠的，我深知自己必須求教於黃教授，清楚了解每個細節（總是要學會萬佛朝宗），才有資格真正為客戶提供專業的命理諮詢。

我馬上主動聯絡黃教授，請求指導。求教黃教授的學習過程中，黃教授非常重視學生的「觀念」必須正確、品行必須良正，不僅僅是命理知識的觀念，是對於命理態度的觀念，不可以迷信，不可以將不合理的理論奉為圭臬，只要不合邏輯，就一定有缺漏或傳承上的謬誤，必須去突破，才會進步、才能還給命理真實樣貌。中國數千年的智慧結晶，在傳承過程中，不免缺漏謬誤，我們自己得懂得去蕪存菁、去偽存真，凡真理必有邏輯、必定經得起科學的驗證。命理，幫助自己也幫助別人在人生低潮中順利度過，在人生順遂時，能把握機會發展到最高峰；而不是賣弄玄虛、唬弄他人的斂財工具。

我也藉由自己及親友的命盤，不斷練習，熟悉分析原則，也在在驗證這個道理，我了解到，算命不是為了要逆天改命，不是為了透視自己的未來而讓自己消極沮喪，而是為了知道自己何時該積極進取、何時該被動守成，讓自己事半功倍，不用蟾蜍爬滑石地白做工。時運不佳的時候，與其事倍功半，倒不如省下時間與精力，讓自己去進修，或是陪陪家人，或是出外旅遊。

我不在這裡贅述黃教授的命理道理，各位讀者，只要進入本書正文內容閱讀下去，保證也讓您驚為天人、值回票價。文中全部以淺顯易懂的方式表達，沒有艱深難懂的文句，讓沒有命理基礎的讀者也都可以輕易上手，並且為之傾心。究竟是命理的奧妙？還是科學實驗的結果？又或者是命理與科學的糾纏？……讓我們繼續看下去……（用法取自盛竹如先生之常用旁白，筆者自己笑了）

Kryon Yau

．香港人
．目前於香港從事情緒治療及個人成長指導工作
．黃教授科學命理派弟子

我對命理的興趣，源自於一種天生對人生的好奇：究竟人的命運能否被掌握？從心理學、個人成長、宗教、身心靈發展、情緒意識的治療的二十多年的研究中，我看到在每個錯綜複雜的人生中，都是有一種特定的模式。有些人，一生為情感而掙扎，但在生活的其他層面卻是一帆風順。反之，有些人受著愛神的照顧，但卻在工作上到處碰壁。這時候，不禁會想：為什麼我們的人生會有這種模式呢？

雖然每一個人的生命模式都不一樣，但當我們細心去看，就不難發現我們的人生問題很容易歸納出數種主要的問題：金錢的課題、感情的課題、人生動力與目標的課題等等。在跟黃教授學習八字命理之後，才發現這些問題不就已經很清楚地寫在一個人的命盤上了嗎？立即把身邊的學生、朋友、客戶的命盤一個個地拿出來，跟他們的人生經歷對比一下，看到很多令人驚訝的準確性。對於我想了解如何掌握生命的探索，的確給了我很大的參考！

說到這裡，不能不提黃教授的《科學斷八字》這本書，這真的是一套很精彩的工具。曾經看過很多其他「大師」的八字理論，每每的感覺不是似是而非，就是艱深難懂，就像永遠只有大師自己才能了解的。所以雖然對八字很感興趣，但一直也沒有遇上令我真心信服的老

師。直到遇上黃教授的書，驚訝書中對命理掌握的邏輯性，和直接了當的驗證，正是我一直期待遇上的。

我會說，學習這套學問，真的是一生都不會後悔的事！

另一個我很欣賞《科學斷八字》這一套人生工具的原因，是它不是讓我們去無奈地接受「命運」的安排，而是教會我們了解自己的處境，掌握流年流月的氣場，學會把人生發揮得更好！知命而不宿命，這是我一生想追求的知識。

黃教授對知識的追求，每次跟他見面都是有深的啟發。在《科學斷八字》這套學問的理解上，會發展出更多可以幫助人的各種認識出來：醫學、人際關係、愛情、工作、金錢、個人成長、人生規畫、情緒精神治療等等不同的範疇，也可以從這套學問中得到利益。

如果您對命理、對科學也有興趣，那您一定會從黃教授的書中得益很多！

Maggie Yang

．新竹湖口工業區某機械公司董娘
．黃教授科學命理派弟子

在未遇見本書之前，我其實一直都是一個業餘的八字愛好者，有興趣會買書來自修，但是八字的書，在前面部分都大同小異，後面就越看越灰心。另一面，自己只是業餘的愛好者，八字雖能入門，卻無法驗證。無法解釋清楚的神秘面紗，真是令我又愛又恨。

後來，直到時逢我在一生當中壓力最大但也最適合學習的「七殺＋偏印」大運及流年，我遇見了《科學斷八字》這本書，讀完之後，我便想方設法聯繫作者，也就是我的恩師黃冠寰教授。內心那時有一種感覺，之前對八字卻步的那塊的拼圖，有機會補上了。我和教授與師母江幸芬女士，約見面聊了一次，我便決定要來向教授及師母學習八字，那是二〇一六年五月的事。

觸動我發心好好拜師學八字的因緣，我想主要來自教授和師母對八字濃厚的熱情以及清新的視角，八字是老祖先留下來一門博大精深，有大用的科學，多麼令人驚嘆的對世界的觀察和描寫，以及巨量資料的統計。無奈在千百年以來的傳承中，一手又一手的傳播之後，造成現在八字學習者的遺憾。

我的恩師與師母，可以說是八字界的神鵰俠侶，由師母一段算命引發的機緣，促成了教授踏進了八字這一塊有趣的世界。教授是一個認真嚴謹、非常聰敏的學者，勇於挑戰坊間既有的八字論述，用作研究的方法，去印證、推敲正五行八字的交互影響，讓這一門學科真正的做到可與命主重複檢驗核對，並在斷事、推敲流年的氣場與八字的變化上，推到令人感到驚異的準確。我特別欣賞師母對人的細膩觀察，對於命主正在遭逢的各種特色情境，感受性的聯想和發現，讓八字不再是科學，更是藝術。

木、火、土、金、水，就像是各種不同的色彩，可以在時間或人生河流這塊畫布上，形成各式的風景。不懂八字之前，我覺得我的視野只能在畫框之內；學習之後，我知道我不只在畫框之中，也有了畫框之外。賞畫者的眼光，畫面不一定盡如人意，但是總有不同的視角，可以去發現美、去欣賞美。命盤和大運流年，都是客觀的物件，透過不同的主觀詮釋，可以讓人生的選擇和機運如此不同。八字不但是科學、是藝術，更是mind setting，是心態致勝的科學。

親愛的讀者，謝謝您閱覽本書，這本書是一個認識八字很好的開端，想必不會令你失望。

黃建山

．台灣大學資訊工程學系學士、碩士
．曾任台灣股票上櫃公司 CTO
．黃教授科學命理派弟子

一直以來，我對玄學命理都很有興趣，尤其是子平八字，也博覽了各家的方法。八字派別很多，例如看身強、弱，看神煞、宮位、五行關係等等。目前坊間最多的還是身強、身弱取用神的方式，有的算分數看強弱，有的用十神關係看強弱來看行運好壞。其中，看五行關係來論命的是我最喜歡的，總覺得這種方式比較有邏輯性，不會流於靠統計和背公式。

認識黃教授已經將近二十個年頭，黃教授從不相信八字到成為八字大師，中間投入了大量的時間和研究精神，著實讓人敬佩。黃教授研究八字之初，也是從身強身弱的方式著手，但用案例印證起來，時準、時不準，沒有統一的論述邏輯，造成了命理師很多各說各話的空間，黃教授為此感到不滿意。轉而研究用五行關係來論命的方式。黃教授花了大量的時間，用科學的態度，反覆推敲論命的邏輯，有模糊的地方就找適合的案例來印證。每當有關鍵地方待突破時，往往過沒多久，就有適合的案例出現，來印證這些突破點。最終黃教授八字論命大成，用一套一貫的邏輯，幾乎可以解釋、推斷人生中發生的大事。《科學斷八字》，所謂科學，正是黃教授這種不妥協的嚴謹科學態度，以及從假設進而實驗，所驗證到得出結論，用這樣的科學方法，來研究八字論命的邏輯，得出非常高精準度的論命結果。

談到命理，有些人完全不信，有些人過度迷信。不信命理也就罷了，但是過度迷信命理，也絕非正確的態度。以八字來說，其組合只有一百零三萬種，全世界有幾十億人口，八字是不可能推斷出所有的事情，也不能推斷出事物的細節。八字所擅長的，乃是看出人生運勢的起伏，預見可能會發生哪類的事情，例如，什麼時候可能賺錢或損財、什麼時候容易有貴人相助、什麼時候容易和人發生爭執甚至官訟。八字也可以幫助我們更了解自己，認識自己的性格，知道自己在何時會有什麼樣的心態、會發生哪類的事情。學習八字之後，對照自己心境上的變化，和八字命盤上所闡述的十分接近，例如，對老闆做事和決策有著強烈的不滿，八字上就顯示了強烈的食傷剋官心裡。有著想抄捷徑賺錢或是不勞而獲的投資，往往八字上就顯示了比劫剋財。黃教授的八字論命，推斷人生行運起伏，有著非常驚人的精準度。

人生起起伏伏，充滿不確定性，這個不確定性成了人們害怕、恐懼的很大來源，而對於發生事件的不接受，也是人們很大痛苦的來源。八字命理讓我們知道行運的狀況，因而也就不那麼害怕了。當壞事發生時，我們有心理準備，也更容易接受、放下，而放下了，也就不苦了。所謂不以物喜、不以己悲，這正是八字可以教導我們的。非常認同黃教授所說的：「心念改了，運就改了。」行運起伏，雖然是天生的，但是確切會發生什麼事情，仍然是掌握在我們自己手上！正確的使用八字命理這樣的工具，來面對我們的人生，我們更能夠活得自在、活的喜樂、活得精彩。

八字命理是很好的人生工具，除了幫助自己，也可以協助別人。在古代，命理師可以說也扮演著類似心理諮詢師的角色。而在這一點上面，黃教授也做得十分出色，並在書中也闡述了幫人論命的要旨。舉例來說，書中的案例五是我一個朋友，她多次的向我表達對黃教授的感謝之意。這位女命主來找黃教授論命之時，剛和她現在的先生交往不久，但是當時有食傷剋官的現象。經過黃教授提醒特別注意和男友的相處，而後結婚生子，有著幸福美滿的家庭，因此一直感激黃教授當時論命的提醒。

本書可以說是黃教授研究八字論命的精華，也是一本完整的八字教科書。透過本書，讀者可以了解這套八字的論命方式，以及正確面對命理的態度，是一本不可多得的好教材。

闕振達

．金稷（上海）文化傳播公司總經理
．上海夢劍影業製片人
．上海廣播電視協會理事
．黃教授科學命理派弟子

書有兩種，一種是看完之後，放在書櫃裡；一種是隨身攜帶，時時研讀，當作指導準則。《科學斷八字》與坊間的其他八字書籍最大的不同之處，一是在於它把八字帶進了科學的領域，二是將人與天地運行合一。

所謂科學，是可以經得起反覆驗證，只要參數不變，無論試驗多少次，其結果都必須一致。黃教授以其科學家的研究精神，反覆推敲驗證，深入分析數千個案例，洞悉八字的根本原理，並獨創八字方程式，揭開了數千年來八字的神秘面紗。八字，不再是像躲在帷幕後面、神神祕祕的水晶球，而是彷彿數學公式般，只要你懂得解題，任何人都可以得到一致的標準答案。這卓越的成就，將八字帶到完全不同的領域。

科學，能為人們帶來什麼？明天會不會下雨？出門需不需要帶傘？下星期要不要舉家出遊？大氣科學深入我們的生活，同理，科學八字亦是如此。朋友找我投資，該不該下手？公司員工被挖角，是否要挽留？畢業後，是要繼續深造，還是先就業？以我從事廣告傳播的工作來看，這個即將開拍的影片主角，應該要選誰？投注大量資源的演員，會不會紅？什麼時候發片最得時？人生有很多十字路口，《科學斷八字》提供了與天地運行同步的終極密碼，輸入密碼，你將打開宇宙的大門，一窺水晶球裡的世界。

我從高中時代開始，就一直著迷於五術，但一直沒能了解其中的奧妙，只能瞎子摸象，書櫃裡擺滿了這類書籍。去年，從工作地回到台灣，流連於書店的書架前，如同以往隨手翻閱新上架的書籍，發現《科學斷八字》的編排和內容十分吸引我，簡化了傳統八字命理書中那些總是讀不懂的原則，以往，書中所列每個案例都有好多「例外」，搞得我丈二金剛，無所依從。然而，翻閱《科學斷八字》，卻讓我豁然開朗，思緒清明，如同一加一等於二這樣的清楚明白。當下，書架上黃教授的著作就帶回家了。

黃教授與眾大師不同之處，在於他勇於追根究底，而且不被傳統論述所束縛。與他接觸的這段日子，發現教授是一個直爽、真誠的人，《科學斷八字》並不以標新立異、打擊其他學派為目的，單純以陰陽五行的基礎理論，追尋大自然運行的道理。

《科學斷八字》不是一般的命理書，是黃教授以一個科學家專業治學的精神，所研究出來的心血結晶，是這個時代值得驕傲的璀璨成果。

書雨

企管、新聞雙碩士
金融業資深專業經理
黃教授科學命理派弟子

能與我的老師黃教授以及師母江老師結識，是一個非常奇妙的緣分，這得追溯到二〇一六年一次臨時的颱風假，說當時的見面是風雨生信心，一點也沒錯。

最初，先是在書局發現了黃教授的大作《科學斷八字》，對看慣了命理著作頁數如字典般厚重的我，本來應該會匆匆略過這本頁數適中的書，但不知為何，當天就是不自覺地把這本書拿起來翻閱，結果讀了之後，突然驚覺這本書的內容字字珠璣，精簡卻又解析詳盡，絕對是一本直指八字學習大道的超重量級著作。將書買回家細讀後，更是愛不釋手，於是立刻與黃教授聯絡論命，希望能當面向他請教。然而，好事多磨，約好的當天，颱風強襲北台灣，台北市臨時宣布放颱風假。當天，風強雨大，黃教授與師母很體貼地聯絡我，告知不方便的話可以再改約，以我的方便與安全為重，但我就是很希望當天能與他們見面，於是還是抓準風雨間隙，依約準時拜訪。果然，當天的堅持，讓我有了滿滿的收穫。黃教授精細的論命，解開了我對八字命理的諸多疑惑，那次的見面相談甚歡。之後，還進一步與黃教授結了更深的緣，成了老師的入室弟子。

由於自己一直對命理十分有興趣，所以在跟隨黃教授學習八字之前，已經看了多年的相關古籍與評註，也讀過許多近代的著作，更是多家命理書店的忠實顧客，雖然在其他科目的領域還算頗有學習心得，但卻一直無法在八字論命功力上，有更深一層的具體突破。尤其，八字還是我最初接觸命理術數的第一個科目，前後沉潛十數年，並不懈怠地持續學習與歷練，卻唯獨在這個科目無法更上一層樓，遑論以此門學術造福周遭有緣結識之人，著實讓人有情何以堪之感嘆。

但自從拜黃教授為師，開始重新學習八字，原本我對身強身弱、調候、格局、喜忌用神、神煞、宮位等理論的諸多盲點，均在黃教授無私且精闢的講解下，瞬間突破！黃教授是一位不折不扣、並且強調務實的科學家，一直以來都以科學的心，來研究八字這門中華文化瑰寶的方法與理論，而他所教授的論命觀念與實務操作方法，完全遵循了「大道至簡」的哲學原則，直指陰陽五行根源的邏輯思維。

跟隨老師學習之後，短短數月之間，重新再以老師所教的方法，回頭再論之前收集的學習案例，每一個都清清楚楚，甚至能驗證出真實的出生時辰。更令我覺得收穫滿滿的是，在向老師與師母求教命理案例的過程中，不但能更深入各項事件背後的命理因素，做出合理的解釋與命理預測，在互動的過程中，也同時體會到超然寬廣的心胸與態度，對生活上的許多人事物，更能放下執著的心。

知命轉運，誠非虛言。期待有緣閱讀本書的讀者，與當初在書店和黃教授著作結緣的我一樣，在八字命理學習與思維上，對自己能有意義非凡的充實與進步。

Paul Choo

新加坡人
目前服務於新加坡金融界
黃教授科學命理派弟子

I cannot recall how many books I have read on the subject of bazi. Being Singaporean and English educated, it has not been easy to find good English books on bazi. A lot of books of this subject are written by Taiwanese and Hong Kong masters but without proper guidance, most of the writings are either too difficult to understand or have very little practical application.

Anyone who has embarked on the journey to learn bazi would have come across the concept of "favourable gods" 喜神 and "unfavourable gods" 忌神 . The toughest part of the learning is to figure out which element is favourable or unfavourable. Figuring it out is only half the problem, the other issue is getting consistency in the readings. Very few books can give you the answer to the above problem and in most cases the theories contradict each other.

Prof Hwang's book brings a breath of fresh air to all the titles I have read in the market. It is by far, the easiest to understand and complete book I have come across so far. Anyone who has some basic knowledge of bazi will find it easy to understand the concepts presented in this book. What sets this book apart from the rest is that it does away with concept of strong and weak chart and focuses mainly on the 10 gods, 5 elements, heavenly stem combo and earthly branch 6 combo. The rules are clear and there is no ambiguity in how they are applied in chart reading. No books in the market have been able to explain clearly how to do reading on a month to month basis. I wish I had this book when I started learning bazi. If there is only one book you ever need to learn on this subject, this would be it. I look forward to the day that this book is translated to English and more people can enjoy this wonderful book.

【筆者中譯】

我想不起我讀過多少八字的書了。身為新加坡人，接受以英語為主的教育，要找到好的英文版八字書籍，是不太容易的。大多數相關的書籍，都是台灣人和香港人所著述，不是論述太過艱深、難以理解，就是缺乏實證的案例。

任何踏上學習八字旅程的人，都要從了解喜神與忌神的概念開始，學習中最困難的部分，便是決定一個命局的喜神及忌神。知道了喜、忌神，只是了解一半。另外一個問題，是如何有一致性的的論命條規？幾乎沒有書本可以給出解答，甚至大部分的案例論命條規，還有互相矛盾的情形。

黃教授的《科學斷八字》一書，為坊間以八字為主題的書籍帶來了一個新氣象。這是目前我所見過最簡單、易懂而且觀念完整的。任何具備基本知識的人，都可以輕鬆理解本書中所提出的概念。這本書與其他書不同的是，它完全不使用身強、身弱的概念來推命，推命的方法，主要在解讀十神、五行，天干和地支相生相剋、合化的結果。這些推命的規則十分清楚，沒有模糊地帶。坊間沒有任何一本八字的書，可以像這本書一樣，清楚地推到流月的運勢。我真希望在一開始學習八字時，就有這本書了。如果你要學習八字，需要一本書來指導你，那就非這本書不可了。我期待著這本書能被翻譯成英文，讓更多的人可以閱讀這本美好的書。

石家斌

．資訊科技產業資深從業者
．兩岸數家資訊公司 CEO
．黃教授科學命理派弟子

雖然從小就接觸電腦，喜歡讀中西方各種小說，又特別重視邏輯、因果，但不知為何，對於命理總是備感興趣，卻也備感困擾。國中時代，家裡的書櫃中，就有米卦、金錢卦、手面相、八字命理、居家風水、奇門遁甲等命理書籍。在閱讀、學習的過程中，一直覺得這些中國文化實在博大精深，深到我都看不懂。不過當時年紀小，倒也不在意，想說長大自然會懂。年紀漸長，我變成了工程師，甚至創立了自己的軟體公司，但是對於命理的興趣依舊不減。然後也因為工作關係，開始接觸到幾位不同派系的八字命理老師，當然就把握機會多多求教，但交流多次後，小時候那種「深到我都不懂」的感覺又跑出來了。

為什麼同一人的命盤，不同派別老師在論命時，常常會出現極大的落差，例如：進財與破財、喜用神等，就常有巨大的出入。

另一個困擾就是，專有名詞、斷語多到令人咋舌！我的個性非常重視名詞的定義，甚至被同事、下屬取笑說是「定義魔人」，但是八字的專有名詞之多、定義之亂，著實讓我腦袋發暈！身強、身弱、宮位、從勢格、專旺格、神煞、納音、八字斤兩、刑沖會合害、傷官見官、梟印奪食、印逢煞則發等等，族繁不及備載，感覺八字學問就是一個「專有名詞字典」，想學會，就把字典背下來。這對於非常重視邏輯與因果的我來說，非常無法接受。

帶著這些疑惑，在書店裡看到黃教授的《科學斷八字》一書時，忽然有一種撥雲見日的感覺，立馬帶回家好好研讀。

這本書第一個給我的震撼就是〈推薦序〉，因為我從來沒看過命理類書籍，竟然會有這麼多理工專家來寫序！第二個震撼是「進氣」，這在我閱讀的很多書籍中，大多只是帶過，但黃教授透過進氣，講述流年、流月，甚至明白說到：「命理若未論斷到流月，實在無法精準斷事！」這樣的自信與自我要求，令我佩服。第三個震撼，也是直接引領我成為科學命理派弟子的主要原因，就是對八字論命扶抑法的針砭！

「論命法不需判斷命局為強、弱、專、從，而是完全看命局的『結構』。」

「為何不去研究如何根據命局的結構及基本五行的道理來論命呢？」

這句話，完全打中了我內心深處的期望！我一直認為，八字應該是一個有邏輯、有組織、有結構的學問，絕非信仰或宗教，而黃教授的針砭，正是我所希冀之理。

和黃教授學習的過程中，我更深刻的體會到，「八字命理其實很科學」！簡言之，就如同人工智能透過大數據學習，找出適切的演算法後，打敗棋王；無人駕駛汽車，透過大數據學習，總結出各種面對瞬息萬變路況的反應方式一般，科學八字的論命，就是一套人生的演算法，幫助我們看出生命中的起伏。

八字論命，絕對不是、也不可能有「命中註定」這種事，否則同年、同月、同日、同時辰出生的人何其多，他們的結婚時間、子嗣數量，乃至命終時間，會一致嗎？絕無可能！所以，科學八字這套人生演算法，可以讓我們有效趨吉避凶，督促我們實事求是的生活，運好時要更拚，運差時要防守，讓我們的人生更精彩！

Julian Lee

新加坡人
目前服務於新加坡金融界
黃教授科學命理派弟子

I first "encountered" Prof Hwang's Bazi book when I was in Taiwan together with my Bazi buddies a couple of years ago. Because I have been learning about Bazi for some time now and had become close to several Bazi enthusiasts in Singapore and Malaysia, I was extremely interested to get to know new perspectives of Bazi to the extent of being "obsessed" in order to decode our destinies through the Bazi charts.

You are reading this Bazi book that is very unique for our time. In the market, many books have been written on the subject of Bazi. Of those, most are superficial, with "forced" feeding information and little consistency in the analysis.

Prof Hwang's Bazi book sets a new standard for the Bazi community and writers around the world in terms of conveying simple Bazi concepts to his readers and it further attests that the real art was never meant to be complicated.

I wish I had met Prof Hwang much earlier in my life but then again it is never too late to find the real meaning of Bazi accuracy. I hope Prof Hwang's books will eventually be translated into English so that many more readers can appreciate what our forefathers have left for us in this world.

Lastly, it is the duty of those of us here today to preserve in accurate detail the art of Bazi reading and how the destiny's chart can be accurately decoded, especially for the future generation. Prof Hwang has done it equally well for the Bazi community around the world on this aspect.

【筆者中譯】

幾年前，我和幾位八字同好夥伴們，偶然間，第一次在台灣看到黃教授的八字著作。因為我已經學習八字一段時間了，也和幾位新加坡和馬來西亞的八字愛好者結為好友，我尤其感興趣想知道這門令人著迷的八字理論的新觀點，經由八字命盤來解譯我們的命運。

你現在正讀的這本八字著作是當代獨一無二的。坊間有很多的八字書，大多觀念論述空洞平乏，強迫餵食大量的資料，卻沒有提出一致性的分析規則。

黃教授的這本八字著作以大道至簡為宗旨，為八字社群與寫作者樹立一個新的標準。他為讀者闡述八字淺顯易懂的觀念，更證明這門學科並非複雜難學的。

我真希望早幾年可以認識黃教授，但是現在認識他，且因而得聞八字正確的道理，也不會太遲。我期盼黃教授的書能翻譯成英文，讓全世界更多的讀者能欣賞我們老祖先所留給世人的智慧。

最後想提的是，為我們下一代的子孫，將八字正確的哲理，和透過八字命盤來解譯我們的命運的準則，鉅細靡遺地保留下來和傳承，是我們的責任。黃教授在這方面已經已經做了很好的典範。

陳健華

‧加拿大渥太華大學工商管理學士
‧澳洲新南威爾斯大學專業會計商學碩士
‧澳洲會計師公會會員
‧香港會計師公會會員
‧中國註冊會計師會非執業會員
‧現任一香港上市公司執行董事
‧黃教授科學命理派弟子

今年在流月印星的驅使下，有緣跟隨黃教授學習八字命理。在學習數課後，我對黃教授在研究八字命理方面有以下的看法：

（一）整理八字論命法則

黃教授自學八字並掌握箇中竅門後，整理出一套科學化的八字論命法則。這套八字論命法則，直接、簡單和易學，是黃教授經過長時間利用大量真人案例驗證的成果，除了準繩度高外，還可放諸任何八字論命推算，而無須將八字分為正格或變格，對變格予以特定或例外推算處理。

（二）分享八字論命法則

在整理出一套八字論命法則後，黃教授著書分享該法則。黃教授的著作以真人案例來說明該法則的運用，而且是用現代人的文字寫出，使讀者易於閱讀和理解。

在跟隨黃教授學習八字命理後，我覺得，經由黃教授整理後的八字論命法則，與坊間的八字論命法相較起來，有很大的分別，主要是簡單和易學，而且無須強記斷語。還有最重要的一點，該八字論命法則，不須經年累月才學懂。這點是我特別要強調的，因為據我所知有不少學習八字命理數年的人士，也未能推算大運、流年和流月吉凶。

在此，我誠意推介黃教授的著作予對八字命理有興趣的人士，其原因如下：

（一）對從未學習八字命理的人士，黃教授的著作可在短時間內，就讓你了解八字命理的十神的作用、五行生剋沖合、命主的性格、命主的生理疾病、和推算大運、流年和流月吉凶的方法。

（二）對已學習八字命理有一段時間，而又未能掌握推算或箇中竅門的人士，黃教授的著作可提供另一角度來思考。

最後，希望有更多對八字命理有興趣的人士，有緣閱讀黃教授的著作，跟隨黃教授學習八字命理，使八字命理得以廣傳，並糾正世人對八字命理是迷信和不科學的觀念。

王英明

．台灣大學電機系學士
．美國德州奧斯丁大學電機碩士
．加州聖塔克拉拉大學 MBA
．目前任職私募基金
．黃教授科學命理派弟子

大凡研究自然現象者，始於觀察紀錄，繼而建立假說模型，模型經過各方長期實驗辯證之後，方得以成為學說。上過中學自然科學的人，對以上的敘述應該都不陌生。

然而，習於接受制式教育的我們，卻很容易忘記許多教科書上奉為圭臬的科學定理，在最初假說提出之時也曾飽受抨擊，甚至被主流斥為邪門歪道。經過長達數十年、甚至數代人秉持客觀求是的精神不斷驗證後，方才得以立足。

由於家庭教育環境的關係，加上自身的理工背景，我對命理一向抱持者懷疑的態度。直到年事漸長，經歷漸增，才開始對論命感到好奇。然而，初嚐之下，卻又不由得望而止步。原因無他，只因各家各派所傳命理之學雖多，然託假上古神話者有之，依附神鬼玄學者有之，就是沒有一家系統性歸納出理論基礎者，除了死背硬記以外，學起來毫無脈絡可循。讓我這個學理工出身的人讀起來，如墜五里霧中，委實難以接受。難道命理真的只得有緣人學之，是我自己沒有慧根嗎？

嗣後，有緣接觸到黃教授的《科學斷八字》一書，並親炙門下，學習其系統性八字論命法後，頓時豁然開朗。啊！所謂的八字，不就是古人在觀察了大量的人事現象後，利用陰陽五行理論，所歸納出的一套天地運行與人事交互作用的假說模型嗎？在黃教授多年研究下的八字論命系統，不再是門玄學，而是個有理論架構、有運作模型、可研究可驗證的學說。至此，八字命理與我理性思考模式的衝突，迎刃而解。

此外，在科學八字學派，天地氣場對人事起伏的影響，就好比天氣變化等自然現象，影響重大，但並非命中註定。就如同氣象預報下大雨時，正常人的態度應該是檢查屋頂或備好雨具，而不是宿命地認定自己家中註定漏水或是自己必定成為落湯雞吧。以此觀點出發，學習命理不再是種消極宿命的行為，而是積極規畫人生的態度展現。

我在想，對於有心觀察人世起伏規律的學者，古代社會結構單純又相對封閉，相較於現代社會來說，更接近於「實驗室環境」，而易於觀察歸納，或許八字就是在這樣的條件之下，一代代孕育而成。我們若能以正確的心態看待並研究八字，相信這門先人的智慧結晶必能幫助我們明心見性，開創人生。

鄭鈞文

．國立陽明交通大學資管所　碩士
．顯赫資訊創辦人
．黃教授科學命理派弟子

在此，我感到非常榮幸可以為《科學斷八字》這本極具學術與實踐價值的書寫序。我與作者深厚的友誼，始於我們軍中的同袍時期，迄今已逾二十多年的光陰。

我們再次緊密的聯絡，始於一場關於AlphaGo人工智慧戰勝棋王的對話。當時，黃教授正擔任台灣某公立大學資訊系的系主任，該系的博士畢業生代表DeepMind團隊，連續戰勝世界棋王的消息，博盡國際版面。由AI主題延伸到當代科技概念相連的古老智慧，我提起了中醫脈診儀王唯工教授的研究，關於脈象科學化以及數據蒐集、正規化等議題，黃教授輕鬆地告訴我這領域的死胡同與捷徑。而這條捷徑就是八字學——黃教授當時和王唯工教授的一位博士畢業生（某知名執業中醫師）利用實際的病例來驗證八字命理，已有數年時間。八字與傳統中醫之間的關聯，並非古籍的專利，而是可以活用的科學。也因此我步上學習八字之路。

透過這本書，作者讓我們看見八字學並非是古老的迷信，而是一種能夠融合現代邏輯推理來解析的學問。黃教授不僅解開了八字學的神秘面紗，更以科學的角度，以結構化的方法，引領讀者進入八字命理的世界，期待讀者在其中找尋自己生命的意義與價值。

其實，我經黃教授的教導後，理解了八字，個人就一直思索著怎麼可以超脫八字。而在這幾年來，有許多機會和其他前來論命的各方好友切磋，深深感覺到，不管是貴如皇族，還是販夫走卒，大家之所以在人世間相遇，要脫離這八字格局真的甚難，用我們凡人的思維出發，是無法跳出格局的。這個題目也隨著年紀漸長有了自己的答案，體解大道雖仍有段距離，但似乎也開點了門縫。

最後，我希望這本《科學斷八字》，能為更多的中西方讀者提供學習的平台與實踐的工具，同時，也希望透過這本書，讀者能夠感受到作者深厚的學術素養和對生命的熱愛。我期待每一位讀者在閱讀這本書的過程中，能夠找到自己的人生脈絡，並找出人生的真諦與價值。

感謝作者給我這樣的機會，讓我可以為這本書寫下序言，由衷地期望《科學斷八字》，可以成為茫茫人世間的一盞明燈，而道路，就在各位的慧眼中開展。

邱艦鞍

·國立陽明交通大學牙醫系畢
·家貝佳牙醫診所負責人
·黃教授科學命理派弟子

謝謝八字祖師，謝謝老師、師母，授予我八字大道。我是一名牙醫師，五年前有一股衝動，突然想學算命。於是，我去博客來書店，搜尋「命理」，排行第一名的就是《科學斷八字》。選了第一名的書，謝謝老師師母帶我入門。開始上課時，我什麼都不會，《科學斷八字》，像是有字天書，有看，沒有懂！老師勉勵我：像我這種新學，都不會的，反而學得好，不被學過的命理觀念所侷限。到現在，老師說對了，五年後的今天，我已是老師的得意門生之一了。

口說無憑，舉個例子，二〇二〇年台灣總統大選和二〇二〇美國總統大選，兩次的大選我都準確預測當選者，而且都在開票的前半年就已經正確預測。怎麼做到的呢？

其實本書和老師的部落格都有詳解：候選人要當選，要食傷（民調）生財（選票）。如果只有食傷卻沒財，代表著有民聲卻沒選票。所以就比較各候選人在開票日當天，食傷生財的能力強的人，就當選，除了比較「食傷生財」以外，我舉一反三，我在比較「開票日」及「總統就職日」的流日運勢。當選者，這兩天的流日運勢，會比較強旺。最後，再確認就職後的流月運勢，當選者會在運勢高檔。基於以上四點（食傷生財，開票日，就職日，就職後運勢），成功地正確預測。

江湖一點訣，大道至簡，「八字」，就是那「八個字」，真的是「言簡意賅」。只是要讀通這「八個字」，在通達之前，要先痛苦地鑽研！我後來能讀通八字，除了老師和師母的教導外（師父領進門），《科學斷八字》這本書，我幾近韋編三絕（修行靠個人）！

我鑽研老師書寫的邏輯，以及書中案例的前因後果，有些心得跟大家分享：老師為大學資工系教授，老師的書有其嚴謹的邏輯，也因老師為大學教授，所以這本書很像教授的論文，要多看、多研究、多思考。

寫書的邏輯，就從「目錄」開始理解！本門為「陰陽五行」八字論命，所以「陰」、「陽」、「五行」為最重要的運算法則！一定要清楚五行間的關係（陰陽，生剋，合化，相沖）（〈卷之三〉第七節的「陰陽」命題，為論命最基本，也最重要的原則），〈卷之三〉從「五行、相生相剋」破題，五行乘陰陽得十天干（五二得十），有天干就有地支（十二地支），有地支就有節氣，節氣推導出曆法和四柱八字。日干為日主，確認日主後，再由與日主的五種關係：（一）同日主，（二）日主所生，（三）剋日主，（四）日主所剋，（五）生出日主。以上五種關係推導出「十神」（五種關係乘陰陽異同，五二得十，十神）。再由「十神」做「生、剋」的演算，演算過程，務必回到「陰陽五行」的原則上。以上僅僅是命局內的演算，還有「大運、流年、流月」的搭配運算呢！

老師身為科學家，把「八字論命」的邏輯科學化！老師透過驗證，發現問題，再除錯，再驗證，把論命的邏輯都寫在書中了，一理通，條條通。見樹也要見林，當困在書中內容時，要跳回到目錄，思考論命的邏輯所在本書中的「合化」、「進氣表」、「能量守恆」、「運算法則，推理邏輯」、「知命順命」、「面對逆境的方法」更是精華中的精華，謝謝老師把

大道盡藏書中，很值得細細思考和體悟

我是牙醫師，批八字只是興趣，跟老師、師母學習，最大的收穫倒不是批八字很準，而是更了解我自己。俗話說，要做自己生命的主人，可是如果連生命藍圖都不了解，怎能知道角色設定、人生的八字攻略和過關方法呢？

學了八字，人的一生，在命盤上一覽無遺，倒不是強調「命中註定」，而是知道「順勢而為」，運勢的高低起伏，知命順命。比如，印剋食傷時，就容易判斷錯誤，若有重大投資，在印刻食傷時，就要三思而後行。若在食傷生財時，有投資機會，仔細評估後，就把握良機，積極生財。人人都有「印剋食傷」和「食傷生財」之時，知命順命，順勢而為或不為，為或不為！

恭喜老師、師母這本書嘉惠世人，也恭喜正在看「第一名命理書籍」的你，深入八字，體悟大道，祝福讀者皆有所得。並以此文，謝謝八字大道，謝謝老師和師母。

廖育進

東海大學經濟學系、國立臺中科技大學財務金融所
金融業資深業務
八字命理工作者
黃教授科學命理派弟子

在我就讀研究所時期，修習統計學的教師講述了他幫哥哥論命的事，他提到八字非常準確，連哥哥什麼時候娶妻生子、賺錢發家，都可在命盤中看得一清二楚，我很驚訝，馬上舉手發問要怎麼學習。他立即拿出兩本八字命理寶鑑，要我好好研讀，還說要有慧根方能看懂。

畢業後，我在軍中服役的閒暇時間，開始研讀書，學習五行和十神，然後以軍中百位官士兵做驗證，結果完全不準。我雖然感到失望，但我也對五行有了一些了解。之後一有時間，我就待在書店，研究八字命理的書籍，但是我發現這些書籍都不準。當我對八字命理感到萬念俱灰時，書店架上掉下了一本書，不偏不倚砸在我的腦袋瓜上，這本書就是老師的著作《科學斷八字》。從這一刻起，我開始追隨老師和師母。我自己看完《科學斷八字》之後，我的論命就有九成的準確度，剩餘一成是遇到命盤難解的部份及合化。之後，只要有老師的演講，我都會參加，有機會就舉手發問，後來在好友豐進的鼓勵之下，如願地師承黃教授門下。

八字命理從陰陽五行到十神、流年運勢，從嬰兒出世那一刻開始，就影響著每一個人。許多難解的問題從來不是問題本身，而是人的問題，當我能掌握每個人的個性及運勢，讓我在人生及事業道路上，清楚地了解我自己的現在和未來該何去何從。謝謝老師、師母替學生開啟了一條康莊大道，並賦予我正確的八字命理邏輯，去解決需要幫助的命主。

非常感謝師母當時對於命理的好奇、老師對於八字命理多年的心血研究，讓我能夠學習到有邏輯系統、不用查表制式的八字命理，期待老師、師母有更多新的發現與發想，讓我們可以從更多面向解決命主的問題，恭喜老師、師母本書的問世。

謝佳容

：執業藥師（蘋果樹藥局負責人）
：黃教授科學命理派弟子

和教授、師母的緣分，是因著家中長輩而牽起。多年來我一直是《科學斷八字》忠實小粉絲，每當面臨選擇，抑或歲末年終為新年規劃，都會拿起書本來回翻閱，並向教授請益諮詢。後來有幸在二〇一九年的孟夏正式拜師學藝，進入科學八字的門下，自此也展開了我人生一段華麗的探險。

以木火土金水及陰陽五行相生剋合為中心思想，科學八字這一套論證法，化繁為簡、完整而有系統。道理至簡，實際應用在人事卻有萬千風貌。在學習八字的過程，我常常想到求學時期讀的物理、數學，題型千變萬化，解題遇瓶頸時，總會懷疑是否有什麼高招是自己不知道的。但往往，方法就在幾個最基本的理論裡，而答案就在方法之中。

這些年，我結婚、生子，創了業。生活多了許多責任，甜蜜的負累卻也是紮紮實實的幸福。將我的美好經驗分享給每一位遇見《科學斷八字》的讀者，你已經站在巨人的肩膀上了！眺望遠方，未來必定更加遼闊。

推薦序26 Neil Ho

‧自動控制工程碩士
‧現任傳統產業業務工程師
‧黃教授科學命理派弟子

讀者們，你們為什麼對八字命理充滿興趣呢？我想原因多半是覺得命理很玄妙，人生充滿困惑而想從命理中尋求解答。或者說，為什麼命理可以那麼準確，經過命理師的諮詢，時常能點出你自己的問題。而我也是基於以上原因而去了解命理。由於喜歡閱讀，書局便是我常光顧的地方。當書架上放著一本《科學斷八字》時，理工科背景的我，馬上被科學兩字吸引住。大約翻閱一下便決定購買，也因此與黃教授在日後有了師徒之緣。

人為什麼活著？人生有課題有宿命嗎？這像是一層薄紗，難以理解也難以參透。這是千古的哲學問題。有人從宗教去探討，而我選擇接觸命理八字，透過八字中陰陽五行的生剋與合化的變化，因而更加了解自己。然而在學習過程中，不斷與自己對話，進而去感受陰陽五行的玄妙之處。它們一直都在，在生活四周，在每個人的體內。有專家說它是一種氣場，或是撓場。它看不到，沒有精確性的儀器可量測，但卻是真實的存在。而我們的老祖宗在幾千年前卻已經發現了，但現今受到西方科學的主導，許多命理包含八字，皆被視為迷信。此書的作者黃教授勇於破除迷信，用科學驗證的精神，一一分析解釋。甚至提出諸多案例，一步步帶著讀者們去了解八字其實是非常邏輯性，因此這層迷信的面紗就這樣揭開了。

看完此書，你會對八字有正確的認識，也了解這世界有更多值得探索的地方。八字命理是說人有宿命嗎？其實它反映的是你的個性，若把自己不好的個性改了，命運不就改了。道理很簡單，只是多數人都做不到，所以才會尋求各方的協助。「天助自助者」，若從書中能深刻體會這番道理，我想就足夠了。

張逸群

・現居日本
・IT領域成功創業者
・黃教授科學命理派弟子

東方有命理，西方有星座，司馬遷曾總結道，「王者決定諸疑，參以卜筮，斷以蓍龜」，可見不論帝王還是普通人，在面對重大決策的時候，都不免想求助於命理或者說預測學，想讓那看不清的未來稍微能浮現出棱角。

既然是重大決策，去問算命師時不免有些疑惑，他們說的真對嗎？我發現我根本判斷不了，但如果重大問題別人給我一個參考答案，我還沒法判斷對不對，終究是不敢採納。（古代帝王的優勢是：他們可以通過砍頭的威懾力，確保自己獲得非常可靠的答案。）

懷著這個疑惑，我只能開始了自己的學習，一般自然是從經典書籍開始，翻開《滴天髓》的那一刻，我傻眼了，書中每一個字都認識，可是結合在一起，卻完全不懂作者想表達什麼，顯然那不是一本給新手的書，或者說我想找到的是「y = mx + b」這樣清晰直接的指導，而不是充滿神秘色彩的文學讀物。

探索中，偶遇黃教授的著作《科學斷八字》，書中提綱挈領的指出八字論命關隘就在五行，研究清楚生剋制化足以解讀人生。一開始我還有些不信，這和傳統命理書相較起來，未免太簡單了！於是照著書中的邏輯，在自己和他人身上測算，令我驚奇的是，這些測算的結果，幾乎完全符合實際情況。

我開始相信，八字並非迷信，人與自然之間，存在著微妙而深刻的聯繫，我們的命運也受到自然界五行力量的影響，通過分析八字中的五行屬性和相互關係，我們可以揭示一個人的性格特點、健康狀況，以及事業和婚姻等方面的走向。

技術之外，更為難得的是，作者對命理學中無關緊要的神秘化色彩，進行了祛魅（disenchantment）。求助於命理的讀者，或多或少正面臨著人生難題，在低落的情緒之下，很容易聽信所謂大神的指點去花錢消災。但是脫去神秘化的外衣，你會發現，每個人的命運都受到多種因素的影響，包括自身的努力、環境的變化，以及偶然的事件等等，命理可以幫助我們了解潛在的傾向和可能性，但最終的選擇還是掌握在我們自己的手中。

因此，我鼓勵每個人在面對重大決策時，可以參考命理學的原理，但同時也要保持理性思考和獨立判斷的能力，勇敢地追尋自己的夢想和目標。希望每個偶遇此書的人都能夠學有所成，在人生的道路上走的更明智！

Yen-Lin Wu

・美國匹茲堡大學藝術研究所／工業科技教育研究所 M.S./ Ed.S.
・現職大學教授
・黃教授科學命理派弟子

自從對「卦象」領域感到興趣以來，投入對《周易》的學習至今，已逾二十年有餘。這些年來，除了持續不斷地研讀與考究，也將學習的結果撰文發表。在學習《周易》的過程中，除了增進「象數」與「義理」的知識，也對其所富含的宇宙與人生哲理的內涵頗有感悟，這也是開啟筆者學習命理知識行旅的主要原因之一。

無庸置疑，學習新知的首要條件，是蒐尋大量的資訊和閱讀。因此，筆者從可及的、實體和虛擬的商市裡，開始尋找命理相關的書籍，在不盡周全之餘，似乎隱隱深陷問道於盲的泥淖裡，但在浸淫的過程中，確實也增長了許多命理的知識，只不過始終無法從這些知識中獲得具有系統的體悟，一直處在漫漶中。或許，根本是筆者不敏，或者是因為本職之故，對書籍的內容要求，有著相對嚴謹的標準也不無可能。然而，以上種種，都沒有抵阻我對學習命理知識的寄望，因為內心深知凡適合者都得來不易的道理。

某日，不外乎是個平凡的日常，心懷期待地再次走進書坊，但這次不同以往，筆者看見書架上一冊名曰《科學斷八字》的命理書。取出品閱後發現，這書除了主題命取與封面設計不落俗麗外，內容編輯也符合了一般閱讀者的方便性與秩序。

購回此書後，幾經逐字細讀，一遍再一遍，雖不至於韋編三絕，但次數也是不勝計舉了。雖然，相較起其他命理書而言，《科學斷八字》並不難讀，內容直言無忌，且字句斟酌，沒有虛文俗套，沒晦暗青灰，也沒有敷衍與磋跎，每個環節的來龍去脈都詳加指陳，舉犖犖大者有三：「有跡可循」、「有理可依」、「有案可稽」。

首先，「有跡可循」：八字命理運用的「五行」源自《尚書》，原理是古聖人對宇宙萬物所歸納出的五款象徵不同屬性的概念，這五款不同特性恆常處在相互作用的循環關係上，其生剋原理闡示了宇宙萬物和人類社會的關係，有「究天人之際」的意涵。而八字命理所運用的「干」與「支」，都各有五行屬性與陰陽之分，本是古聖人根據天象與自然規律所創造出來，用來記錄年月日時的記號，至今從未間斷地被部分人使用著，可見其重要性。

其次，「有理可依」為何？筆者認為，書中最精彩的論述是「干支合化」，其概念與運用是八字命理中極重要的方法之一，但奇妙的是，「干支合化」的原理卻不常見於一般的八字命理書中。「干支合化」是古聖人經觀察、檢驗與歸納後所體悟出的道理，剛接觸時直覺晦澀難解，但經作者以自己的方法舉例說明後，確實把其中的深而蕪雜的道理，簡化成淺顯利落的條例式原則，似乎變得開朗許多。

什麼是「有案可稽」？書本的每個論述都輔以實例說明，方便讀者理解。書中後半也附有諸多經勾校過，可驗證案例：如雙胞胎同時辰議題、時賢名人的過往逸事、文藝復興時期藝術家的生平、生活周遭的社會時事、國內外重要選舉預測等案例，讓讀者可以藉此對照與追析，不失為學習八字命理的好方法。

事隔經年後，筆者有幸在一個因緣俱合的微雨早晨裡，結識了《科學斷八字》的作者黃教授與師母，爾後也跟著他們學習八字命理。黃教授本是習有所專的資訊工程學者，以他所領略方法來釋讀八字命理，確實有其獨到之處，也不難把提，原因是他藉由清晰的思維與敏捷的運算法則，將這套中國古老的命理法則，演繹成一套具有生命的邏輯數術，並結合過往經驗與哲學推理，在估量人事休咎的同時，賦予每個命局唯一且獨特的存在，自然有別於坊間其他八字命理方術的對照查表法。

不僅如此，必須要說的是，八字命理用在識人斷物之舉，又如何呢？按黃教授說法，我們生活周遭的人事物多數世情，都被環境外在所發出的氣場影響著，而且無論吉凶善惡都無可矯飾，全是命數。然而，命數不能改變嗎？黃教授說，當然可以，只要人仍具有自由意志，就可以因改變自己的心念，而改變對待事物的識見，並產生不同的結果，而這也是當今人們學習八字命理所應秉持的態度。

在筆者一窺八字命理的堂奧後，著實對人生有了新解，感悟到人生的另一個充滿了橫縱交錯的時空向量：在大，橫向所統整的機緣，讓我們回顧過去、眺望未來，綜括生命中的氣象風華；在小，其縱向下探流年流月乃至時時日日的運勢播遷，有利於我們凝視當下，珍惜時光。

至於八字命理究竟是科學？或迷信？筆者愚意以為，其實並不相妨，兩者都在現實與理想的間隙裡逡巡共振，緊緊伴隨，甚是迷人。日子還得繼續，希盼未來可以從對八字命理的反覆探索中，找到內心真正的恬淡閒適，匯聚絕佳的態度，來因應來路不明的生命倦憊，並在順天時、應地利、修人和的理路規正下，讓自己在幸福的人生道路上信步閒行。

楊為巽

新北市立土城醫院神經外科主治醫師
黃教授科學命理派弟子

過去對八字命理並無興趣，只有經過重慶南路書局的時候，正好看到相關書藉，出於好奇，就拿出來翻一下，結果發現根本是天書看嘸，所以就作罷。另外也許是年輕時的生活還算過得去，沒什麼大困難，就得過且過。工作之後，有幾年時間碰到了人生的低潮期，內心的壓力大到甚至想放棄人生，此時正好在某場合碰到師兄在社群媒體上，推薦老師的大作《科學斷八字》，初看書名，想說這東西也可以用科學來推論嗎？又出於好奇心，立馬訂購，結果一看之下，驚為天人，原本以為亂扯一通的東西，竟然可以用有邏輯的方式推論，也不會像英文文法一樣有一大堆的例外，這實在是太服合我們學科學的人的胃口了。

在學習八字的過程中，除了對天干地支，五行，以及各種名詞的了解之外，更重要的是能進一步了解到：一，自己是誰？二，我為什麼來？怎麼說呢，藉由對自己命局的了解，可以知道自己大概的個性，一方面發揮所長，一方面注意到自己欠缺的東西。另外，藉由對流月，流年，大運的了解，不敢說能完全避開所有的災厄，但至少能夠大事化小，小事化無。

更進一步，套用老師常常告訴我們的，所謂一命二運三風水，四積陰德五讀書，縱然自己的命局可能有好有壞，在人生的路上也隨著流年有起有落，但在走好運的時候，在得到自己想要的東西的時候，是否也能用自己的好運，盡量幫助他人？或是當自己走到人生的谷底，是否可以放開心胸，了解到這就是我們這一生要面對的課題，而不怨天尤人，正向地去面對困難呢？相信這才是老師分享八字知識給大家的目的。

最後，除了感謝師兄姐和老師的開導之外，也要祝福有緣看到這本書的讀者們，都能夠在學習的過程中找到自己的課題，順利通關，在人生的路上圓滿順遂！

胡舜傳

加拿大英屬哥倫比亞大學 Ph.D.
現職AI工程師
黃教授科學命理派弟子

具有心理學與統計研究背景的我，對人類行為與人格分類，一直抱有高度的興趣，也嘗試著用這些方法幫助自己和別人自我探索，點出並開始解決人生可能遇到的問題。

惟心理學與其所用統計的研究方法，為了追求與信度與效度，往往不能給出超越所用問卷題目的字面意義的答案。這些字面意義之外的人類行為原動力的解釋，反而可能來自命理學。但大部分的命理學又缺乏完整一致的系統，因此缺乏基本的信度。在這樣的興趣追尋之下，偶然接觸到黃教授與師母的《科學斷八字》。初閱此書，便為那簡潔的說明與工整有力的五行互動系統癡迷，彷彿找到了源頭活水，來灌溉我長久以來對於人類行為了解的好奇，遂成為教授與師母的弟子。

八字的博大精深，在教授與師母深入淺出的解說下，成為幾條清楚的運算規則，不只解釋了人類行為和狀態，更用外氣與內氣的時進，解釋了狀態變化的規律。我用這些規則，試圖驗證自己過去人生的的軌跡，舉凡每個階段最主要的心態、意圖、感受、身體狀況，往往雖不中亦不遠矣。我用這些規則試圖了解了最親近的家人、朋友和隨喜收費的算命顧客，試圖了解每個人的彈道，學會接納不同的人在不同階段有不同的探求，而更欣賞每個人在不同境遇下所做的努力。

《科學斷八字》是一本能夠體現「大道至簡」的好書，也是在我未來思考事情好用的經緯框架，希望這本書也能夠幫助到現在正在閱讀的您。

王嘉鐸

．國立陽明交通大學醫學系畢業
．現為執業復健科醫師
．黃教授科學命理派弟子

曾偉菱

．黃教授科學命理派弟子

八年前，因為岳母的一場病與黃教授結緣，八年後與妻子一起拜師學藝。適逢此書要再版，當老師提出了寫再版序的邀請，我誠惶誠恐。因為已經有二十多位同為弟子群的學長姊們寫過推薦序，皆是社會賢達，篇篇精準到位。如何讓我的推薦不只是錦上添花，而能對讀者更有助益？我思索再三。在說明我的觀點之前，我先講出我的結論：所有人都應該學習八字命理。我認為原因至少有以下三點：第一、八字命理有科學的性質；第二、八字命理協助人生抉擇；第三、八字命理具有靈活性，能夠適應不同時代的變化。

作為一名執業醫師，我所學的現代醫學都以科學為基礎，讀者或許會好奇我為何對八字命理如此著迷。其實，命理觀點的形成與許多科學理論的發展軌跡相近，都是透過觀察與歸納得出的結果，雖然目前解釋命理所需的科學方法尚未完備，我們卻經常可以找出科學理論與八字命理的共通性。

舉例來說，八字命理中很常被人質疑的一點：怎麼解釋同樣八字的人卻會有不同的命運？我想引用維基百科中「量子疊加」的解釋來回應：「在量子力學中，一個主要問題是如何計算一個特定類型波的傳播與行為。這個波叫做波函數，支配波的行為的方程式稱為薛丁格波動方程式。計算一個波函數的行為的一個主要方法是將波函數寫成（可能無窮個）一些行為特別簡單的穩定態的波函數之疊加（稱為量子疊加）。」

應用在八字命理的理解上，我們可以把每個人的八字視為一個包含時間的多維函數，用以解釋人生的起伏和變化。周圍環境的影響相當於輸入的參數，因此即使是同時辰出生的八字（如書中雙胞胎的案例），由於個人生活和成長環境的不同，函數在任何時點的表現都會有所差異，進而形成不同的人生軌跡。這類似於量子疊加理論中不同的波函數會產生不同的結果。

在科學上，我們無法精確預測物體在某個時間點的具體位置和運動狀態，但我們知道該物體的運動仍會符合質量守恆、動量守恆、能量守恆等等的規律；如同八字無法預測一個人在何年何月具體會發生什麼事件，但該事件必會遵守官剋比劫、財破印、食傷剋官等等五行生剋的規律。儘管八字命理在科學方法上可能尚未得到充分的解釋，但它作為一種古老的哲學思想，仍具有一定的價值和啟示意義。它提供了一種對人生和命運的另類觀點，並能幫助我們更好地理解自己和他人。

我曾運用八字命理幫助我與親友做出許多重要的抉擇，礙於篇幅在此不多贅述。姑且以一個臨床常見的情境來說明。例如，對於某些病症，手術和保守治療哪一種更適合患者？對於明確需要手術的情況，我會告訴病人毫不猶豫地接受手術。然而，很多時候，手術是一個選擇性的治療方法。假設研究顯示手術後有70%的病人會有改善，對於我所面對的患者來說，結果只有成功或失敗，我無法預知他會屬於哪一種結果。在這種情況下，我往往反問患者是否有信仰或心靈支持。這是因為當人面臨未知時，信仰可以提供安慰和心靈上的寧靜。八字命理就是其中一種方法，例如印剋食傷時不要做重大決策；官印相生時會有貴人相助。我想強調的是，八字命理並非科學的替代品，它不能取代現代醫學的研究和治療方法。然而，我相信每個人都有自己的價值觀和信念系統，可以幫助人們在面對困難抉擇時找到內在的平衡。八字命理，就是我的信仰。

或許你會問，時代變化如此之快，這麼古老的東西如何可能依然有用呢？我想引用易經中的「變易、簡易、不易」三原則來解釋。後兩點比較容易理解：大道至簡，命理的規則看似複雜，但實際上是相對簡單的；一旦規則確定，它就不會改變（另有一說是主宰宇宙的力量永恆不變）；而「變易」則指的是用簡單不變的原則來解釋萬變的事物。舉個例子來說，八字命理中，女命以官星論夫，男命以財星論妻。在現代社會中，同性婚姻已經合法化，這該如何解釋呢？對於瞭解命理的人來說，這並不困難。從根本原則來思考，誰在關係中扮演著支配的角色？誰是被支配的一方？答案就顯而易見了。這種靈活性使得八字命理的應用無所不在。

如果你贊同我的觀點，邀請你以開放的心態閱讀黃教授的著作《科學斷八字》。他用科學研究的精神，把古書上的理論與實際案例的研究結果集其大成，用深入淺出的方式介紹了這套哲學。不管是完全不懂命理的新手小白，或是博覽群書的命理大師，都會有所啟發。誠摯推薦這本書給你，因為我相信八字命理對每個人都有幫助。不管你是尋求個人成長，還是希望在抉擇中獲得指引，八字命理都能為你提供寶貴的洞察力。通過學習八字命理，我們可以更好地理解自己的命運軌跡，從中獲得智慧和啟示，並更有意識地選擇我們的人生道路。

卷之一

正確認識八字命理

說到命理，很多人都嗤之以鼻，認為毫無根據，台灣社會中利用命理或宗教來進行斂財、害人等為非作歹之事，亦多有所聞。筆者接受嚴格的科學訓練，正職工作乃於國立大學教書，除了傳授大學生專業知識之外，也建立起實驗室，帶領碩、博士研究生進行專業的科學研究。事實上，我是一位發表過許多學術論文的科學家，在專業領域上，於世界最頂尖的期刊上發表過論文，也從未懈怠地從事相關研究。

因此多年前，初聽聞內人跑去算命時，實在無法接受，但對推算出來的結果，又有可印證的地方，不禁覺得頗有可信之處。在好奇心及機緣巧合下，自行去學習子平八字命理，花了很多時間收集相關的資料、書籍，研究各家之說，終於發現有系統的論證法，幾乎所有的情況都可印證，也了解為何有些命理師時準時不準的理由。

筆者所謂的科學命理，是指採用一致及統一的分析及論命法，此法能得到極高的精確度。或許有人說無法達到百分百的正確性就不算科學，但是人生在世，會影響身邊事物發生的因素很多，例如：出生地、住居環境、基因，甚或前世因果。如果掌握到一個法則，可以得出一個人的特質強弱，以及身邊事物發生的波動韻律，不可言不科學。

過去的盲點

關於八字命理的理論方面，世人有很多盲點，一些傳統八字命理的方法，得記憶各式規則，據以推命，而事後往往無法驗證，個人深覺不足取。這就好像學生讀書方法不對，不先研讀課本、瞭解基本原理，只鑽研參考書的特殊解法，結果怪招記一堆，考試時一碰到沒見過的題目，或稍有變動，就不能正確解答。一些有名的命理古籍，都有上述的問題。當筆者發現有系統的論證法之後，也曾去閱讀過這些著名的命理古籍，發現講法都有些道理，但都只是在某些狀況下成立，例外出現時就不準了。

其實我們只要了解五行運作關係的正理，立刻就可分辨出在什麼狀況下，這些古籍提出的規則會不準確。所以花很多時間去記憶古籍上的規則，絕對不是學習命理的好方法。這些書大部分的問題，是嘗試以統計法★來找出規則，而非根據基本命理法則，以邏輯推理導出結果。

★在一位我八字命理的弟子，一位具有台大電機博士學位的中醫師介紹之下，有一位目前任職於台灣某研究單位的世界知名學者（以下稱之為F博士），也和我學習八字命理、陰陽五行的學問。第一次會面時，我得知F博士的研究專長是醫學統計，當然她在統計學的知識方面是無庸置疑的。經過一段時間的教授八字命理的知識和討論案例後，對於用八字命理來觀察人的身心狀況及運勢的精準度，她有很深刻的體會。但是在當時，我詢問她，以她的觀點來看，八字命理的原理及理論，是否能以統計學的方法推導出來？她的答案是不可能。

我無意評論這些命理古籍，事實上，古人的統計成果，更可讓我們來驗證我們得出的有系統論證法之價值。只不過，完全以古籍上的規則來論命，精確度確實有問題，也讓近代世人對命理的科學性產生很大的懷疑。

未來的目標

由於網路發達，八字命理近年來有很大的突破，由於我們可以很容易得知親友或社會知名人士所發生的事情，所以如果有個命理方法是科學的，就可以將這些案例一一加以驗證，並很快將一些錯誤的八字命理法淘汰。

有時上網搜尋一些門派的八字論命法來參考，覺得有些方法實在很離譜，難怪社會上有些人說起命理，就是嗤之以鼻。這些年來，筆者利用研究八字命理的心得，幫助過許多朋友，個人覺得十分欣慰。

有時在朋友發生災難前加以提醒，囑咐他謹言慎行，以趨吉避凶；有時朋友運勢不順，心情鬱悶，精準說出他發生事由的前後關係，使他能順利度過內心的低潮；朋友在生命中當採守勢時，囑咐他保守；朋友在生命該往前衝時，鼓勵他奮勇向前。筆者的論命法，乃是和命主用對話法來溝通，藉由一些前事的驗證，進一步加強命主的信心，以及對後事論命的準確度。當然，整個過程是採用有系統的論證法。

筆者花費心血學習及驗證一些門派的論命法，覺得八字命理是中華民族流傳數千年的一門精深學問，應該發揚光大。一直以來，幫人論命或是著作本書的目標，如下：

科學命理　破除迷信
解決疑惑　順遂人生

一些古書記載的命理知識並非不可取，因為就是前人的努力，奠定了現代命理的基礎。但不可否認的是，這門流傳了千年的學問，出現了許多謬誤。今日，筆者以自身科學教育的基礎，希望能為八字命理奠定下科學的思維，一切以科學的想法來討論。依此，建議採用以下的步驟來學習八字命理，而這也是這本書編寫的順序：

卷之一　讀者先閱讀一些案例，先了解八字命理的論命法可以如何幫助我們，以決定是否要使用命理學來解決生命中的疑惑，幫助改善自己的生活。另一方面，立志學習、研究命理的朋友，可以了解八字論命能達到多少的成效，進而有正確的學習方向。

卷之二　接著，在本卷中，是研讀八字命理的一些基礎，如五行、天干地支、節氣、十神等。

卷之三　在本卷中，讀者能以八字命理的基礎理論，根據命局中五行交互作用的關係，判斷出一個人的個性、特質、學業及學運、適合行業、身體及心理疾病注意事項等。

卷之四　在本卷中，根據大運、流年、流月、流日的進氣，來判斷人生不同時期的命運，進而依進氣的變化來趨吉避凶。

卷之五　讀完前五卷，讀者已對八字論命有基本的認識，〈卷之六〉將介紹如何進一步加深八字論命的功力，是有志為他人論命的人所應知道的內容。

卷之六　在本卷中，特別針對一些錯誤的八字論命法或觀點，加以討論。

卷之七　最後要和讀者分享的是幫人論命時要注意的事項，以及該有的心理準備。

卷之八

卷之二

八字命理實際成效【案例淺探】

在本章中，首先提出一些八字論命的案例，筆者手邊的案例頗多，但我們盡量挑出具代表性的例子。依照本書的內容來學習八字論命術後，讀者只要自己努力練習，一定也能自行解決類似的案例。在〈卷之五〉，我們會仔細說明如何運用八字論命的方法，來推出這些結果。

案例一　罹患僵直性脊椎炎不用當兵

西元二〇一二年某日，和一位剛收入門的研究生進行individual meeting，會後閒談時，他提及不用服兵役，一時好奇便問他緣由，原來是因此罹患僵直性脊椎炎，體檢不及格，所以不用服兵役。

這下子更好奇了，心想罹患僵直性脊椎炎應該是甲木或乙木受剋。問了他的出生年月日，說是一九八九年4月24日丑時，命盤一排出，果然和我料想的相同，便問他是否去年和前年（二〇一〇年和二〇一一年）很嚴重。他立時說對，二〇一二年壬辰年，已無症狀。當年發作時，師長也給他很大的壓力，按其命盤，一眼就可看出，天干走庚、辛時，僵直性脊椎炎就會發生。

我順便告訴他，接下來幾年都不用太擔心，但是每逢西元記年為0或1結尾時，就要特別注意，同時流月有庚、辛時，也可能小發作。短期的病症，卻可免服兵役，塞翁失馬焉知非福。

案例二 職棒偶像王建民婚外情事件

在維基（Wikipedia）網站上，王建民的出生日期是一九八〇年3月31日，網路上對他的出生時間有好幾個版本，從之前鬧得沸沸揚揚的婚外情事件來看，我們姑且取其出生時間為戌時的資料來論命。

為何二〇一〇年會發生婚外情？報導說，這段情持續八個月，而為何是在二〇一二年國曆4月爆發的呢？這些情事在命理上都可解釋。討論此案例決非落井下石，筆者也是王建民的球迷，由命盤來看，王建民決非貪財好色、無德之徒。預祝他走出陰霾，重回球場。

案例三　神明改過的八字？

這位女士是我內人的朋友，很喜歡算命，聽說我在研究命理，某日就託我太太將生辰八字交給我。我對她的個性、生活、學經歷和家庭都有所瞭解，但是當我將命盤排出來後，發現命盤顯示的訊息和她的狀況完全不同，所以只好請太太告訴她說，她的命盤和她個人合不上，很抱歉沒法幫上忙。對這整個合不上的情形，我自己也十分苦惱，沒想到她竟然回說：「這生辰八字是神明改過的八字，不能用來算嗎？」。

請她出示真實的生辰八字，原來是一九六六年11月7日申時。命盤排出，問她幾個癸年是否有發生事情，結果都有禍事，甚至有一年妹妹車禍往生。因為印星透干，對宗教很有興趣，但是數學完全不行。當時二〇一〇年，問她當年是否花很多錢，連亂花錢的月分，都被我說對。問她該年十月，是否對宗教特別有興趣，沒想到她回答該月去了一位法師的座下皈依。

晤談期間，她問了好幾次，為何我和其他的命理老師算的結果不太一樣？我問她，我算的準嗎？她說準，沒想到可以連月分都可以準確預測，她以前遇過的命理師，都只能約略說某年會發生的事，準確度也不高。

案例四 大家都不相信我的話

二〇一〇年間，有個機緣和二十多年前讀同一所大學的兩位同學見面，他們都在工業界服務，開設公司，希望借重我的研究專長。老友重逢，相談甚歡，其中一位談起腎臟有出問題，當時我立即直覺反應，說道：「是前兩年很嚴重吧！今年應該沒事嘛。」被我言中，老同學很驚訝，我娓娓道出在研究命理，並開玩笑說：「你命局中必有土剋水，不然我請客。」問了出生年月，他是一九六四年12月7日卯時生，拿出智慧型手機，快速排出命盤，兩位老同學不得不相信我是有依據的。

二〇〇九年為己丑年，天干及地支土氣甚重，土剋水，腎臟出問題不足為奇。觀其命盤，二〇一〇年、二〇一一年，此症均無大礙。二〇一一年立春後，我常常出入他們公司幫忙。某日，老同學請假，同事說他身體不適，全身浮腫。因為前兩年他的腎病常常發作，一發作，全身就浮腫，所以同事們都說他腎病又犯了。我立即查他的命盤和流月，我告訴大家，他決不是腎病，多半是肝膽或免疫系統的問題，結果大家都不相信我的話，我看到很多有趣的表情。數日後，他告訴大家，他為了控制腎臟病，長期吃類固醇，免疫系統出問題，我又看到很多有趣的表情。行文至此，二〇一二年清明過後，他的腎病多半會再出現，希望他能聽醫囑，好好控制病情。

案例五 人不可貌相

這個案例很多細節都忘了，但是有兩點令我印象深刻。當日，一群高科技資訊公司的年輕人來找我算命，圍在我的桌前聽我論命。有一位很嬌小的女孩（一九八二年4月13日早子），看起來很柔弱，開口問了感情的事。還沒檢查大運、流年、流月的進氣，我直接回她：「你脾氣這麼大，男生是否被你嚇跑了？」當時身邊有很多她的同事，有人插話說她那麼可愛，怎會嚇跑男生，但是命主回答「對」，問我怎麼辦。我幫她推算了前半年各月分和男生相處的情形來驗證，她頗為滿意。接著，根據大運、流年、流月的進氣，指點她應該注意的一些事項。

最後她問我二〇〇九年動手術，是否會有後遺症。我根據大運、流年和及流月進氣來計算，國曆六、七、八月都可能，以六月機會最大。她人坐在我面前，我動腦分析應該是哪個部位動手術，丙火受剋，是小腸嗎？正思索時，她說是眼睛，我立刻回答，如果不是兩眼，那一定是左眼，她說你怎麼連這個都知道，全場譁然。

說真的，光看外貌，實在無法聯想她是脾氣衝的女生，而且看她的眼睛，很正常呀。那我們該如何告訴命主，讓她去面對問題呢？

傳統命理派有一支以身強身弱來論好運壞運，以他們的理論來看，八字身強者走官殺運，是好運。我也是丙火日主，但幾年前我走官殺運時，眼睛出問題，視網膜又是出血、又是破洞，最後也是手術才處理好。以他們的理論來看，我確實是八字身強，但當時實在不能說是走好運。事實上，以五行運作的正理來判斷，身強者走官殺運，大多是好運，但有時也會是壞運。這是某些命理師時準時不準的原因之一。

案例六　親戚的命不好算

內人的一位近親，有一陣子過得不如意。我受長輩囑咐，幫忙看看是何情形。他是一九七三年7月12日酉時出生，看這個命立即詢問二〇〇九年9、10、11月間，是否有發生什麼事。該命主天干只有財星生官殺，元神完全無法抵抗。但經長輩詢問後，命主說沒有事情，我只能告訴內人，我實在搞不懂為何沒事情，最少也會工作壓力很大。

過了一陣子之後，該命主回去和長輩調錢，說是那段時間在大陸經商，因為一起美國違反著作權法的官司敗訴，被罰一、兩百萬台幣。為何親戚的命不好算？因為我和他有親戚關係，有些事情他不想讓我知道，無從溝通及驗證。

二〇〇五年，此命造也犯官殺，該年流年及流月，進氣十分複雜，懂命理的人可仔細推想該年於哪個期間內犯官殺星。據說，這位近親當時去大陸工作的時候，被老闆欺壓，但二〇〇五年到二〇〇九年這段最壞運的時間已經過去，二〇一〇、二〇一一年是該賺錢的時刻，生意也慢慢有起色，家人可以比較放心了。

另外，還有遇過不太好算命的情形：一位男性朋友問我，他何時會有桃花出現，我就在他最近的時間內舉出一個可能的月分，他當時冷冷地回答沒有。但過一陣子後閒聊，他跟我承認，我那時指出的月分確實有發生一些狀況，我問他為何當時不承認，他跟我說，因為當時旁邊有其他朋友，他不能承認。

所以，我現在論命時，基本上希望不要有其他人列席，以免受到干擾，同時我會和當事人保證，絕對會對論命的內容保密。

案例七 令大家懷念的作家三毛

二〇一二年間，某個星期六下午，帶著太太去新竹的後山散心，我們開車由竹東上山，經過五峰，一路曲曲折折，抵達清泉部落。部落裡除了張學良將軍的故居外，山邊還有已故作家三毛的故居。三毛的作品是我和內人小學時代常閱讀的書刊，現在故居裡有其當年使用的書桌，也有她的生平介紹。雖然小時常常讀三毛的作品，但對於她的生平，倒是當天才有個清楚的了解。

我第一個直覺是，三毛才氣驚人，命中食傷星必然高透。但幼時和老師相處不佳，同時夫運不佳，必然是食傷剋官。晚年憂鬱症纏身，應該是印剋食傷，乃至最後選擇自己結束生命，她的印剋食傷必然缺乏比劫通關。

回家後，上網查了三毛的生辰八字，一九四三年3月26日寅時，果然與我料想相同。三毛命盤食神及傷官透干，八個字中，有四個是代表智慧及才氣的食傷。除了癸水命主外，另外兩個七殺星剛好靠在剋星食神一旁，女生若無財星，以食傷星為主，常常夫星不彰。今年初參加一個飯局，一位老同學的前同事（女性），在美國IBM任管理職位，才華洋溢，就也是如此，時年近五十，未婚。

從三毛的命局中，看得出來受讀者歡迎的起始點，夫君早逝也看得出來，最後憂鬱而終，命局中顯示得更是清清楚楚，惟逝者已逝，徒留讀者懷念。

案例八　難逃的劫難

此案例為我內人的親友，女性一九七六年5月11日午時生。元神癸水，命局天干除比肩外，只有財官。這種命盤很好算，只要天干出現七殺，而沒有食傷及印星出現，常常都有劫難意外、小人、壓力、官訟及身體不適產生。

二〇〇八年清明節後，大運交入己土七殺，我就常常提醒她，某些時段夜路莫行，謹言慎行。另外，由她的命局來看，一定常常有膀胱、腎臟等水方面的問題，這段時間我提醒她的時候，也常常就是犯膀胱、腎臟等病症的時刻。幾次我一說就入院，或全身水腫，很怕被親友說是烏鴉嘴。其中一個時段是二〇一〇年1月初（己丑年底，小寒節氣後）。

二〇一〇年初，打電話要我算命，說想再生一個孩子，我沒和她討論很多關於懷胎的事，但對她耳提面命於二〇一〇年底及二〇一一年初要多方小心。她本身命局中沒有食傷星，於二〇〇八年初國曆2、3月懷胎生過女兒後，於二〇一〇年間又想再生一個。一般認為，二〇一〇年（庚寅年），寅木為其食傷，應該有懷胎生子的機會，但事實上，反而多方嘗試都無法懷胎。

二〇一〇年國曆12月間，內人接到電話，該親友來報說懷孕了。內人希望我幫忙看看是否會順利，我觀其命盤，花了很多時間思索，告訴內人不知她為何懷孕，內人說我怎麼面色凝重，該不會有問題吧？我告訴內人，其一是不知她為何會懷孕，其二是下個月走到七殺的流月，要注意意外、小人、壓力、官訟及身體不適產生。

沒想到，沒兩天，該親友來電說，產檢醫生發現胎兒沒有心跳，我立時告知盡快處理，莫拖到二〇一一年1月，但她說怕醫生檢查有誤，因此醫生雖建議立即約診，卻遭她回絕了。結果只好於二〇一一年1月間進行手術，我幫她挑了數個時間，請她務必於這些時間內手術，還好一切順利。七殺攻身，有時會動手術，但誰知會這麼曲折呢？

後於二〇一一年國曆6、7月間懷孕，按算此番有緣，目前已開始待產。這一次，她請我挑個好時辰，準備剖腹生產，小孩一出生，就將這個好時辰當作見面禮。

二〇一七年2月13日，此命主告知又懷孕了，打開她的命盤，發現國曆2、3月又在嚴重印剋食傷的危險期，立即告知她要注意安胎，莫過勞累。3月初，醫生告知胎兒沒有心跳，3月14日動了手術。

案例九 嚴重癌症轉好

這個案例是一位高科技公司主管的弟弟，這位主管由同事介紹來找我算命時，對我流年及流月的論述十分佩服，他是台灣理工科方面最高學府及最高科系畢業，大學時期就曾潛心命理，但並非研究子平八字。

幫他算命後，二〇一〇年1至2月間，他要我幫忙看看他弟弟癌症是否能有起色，他弟弟得的是鼻咽癌。我告訴命主的哥哥，現在開始癌症會轉好。後來我因為好奇，輾轉打聽命主的狀況，回報說化療成功，已回公司上班。

另一個例子是一位遠親。此命主是一位年紀很大的長者，論輩份，大我一輩，當時已六十多歲。他罹癌已有十多年，最後轉移成骨癌，當時我根據命盤判斷，應該是好轉無疑，而且起因和血液有關，但這結果沒什麼人相信，誰會相信一位罹癌十多年，而且已經轉移的老先生，經治療後能好轉呢？

我不知當時我的說法是否有人取信，但後來他的家人去寺廟求神明指示，神奇的是，被神明附身的乩童竟然說法和我相同，也說是十多年前由血液病變引起，會康復。這件事很快被我遺忘，但幾年後，聽說老先生回家休養，能自理生活，有時還能幫忙接送孫子上下學。神明附身的靈界事務，我不懂，也沒有感應。這或許是巧合吧！

案例十　年紀輕輕就當上即將上櫃公司CEO

這是一間高科技資訊公司，主要以台灣最高學府的一批年輕人為主出來創業，產品行銷順利，十分賺錢，目前計畫股票上櫃。命主（男，一九七六年3月16日，巳時）的親友於今年（二〇一二年）國曆2、3月間，拿他的命局來詢問，什麼都不說，直接問「今年如何？」我回答：「官印相生，升官掌權很好呀。」正中命主的問題，因為公司要他接CEO執行長，但公司員工很多，也不乏一些年紀比他大很多，高薪挖角過來的資深前輩，因此他感覺壓力很大，十分苦惱。

觀其命局，我覺得二〇一二年立春開始，升官掌權之勢不可擋，於是請來人轉告要放開心胸，勇往直前。數日後，由網路電話遠端解命，我想理工背景的朋友，通常覺得命理缺乏科學性，因此我分析他前幾年的運勢，通通說中，此命主目前已接任CEO。

以命盤來分析過往發生之事，可以取信命主，是命理輔導上不可或缺的法門。無德之人若掌握此術，很容易遂行斂財及為非作歹，所以古人常常不傳命理於無德之人。另一方面，我們面對未知挑戰，往往惶惶不可終日，善用此法，可以給人信心。

案例十一 選舉的結果要如何預測？

★本文因為論及選舉，難免提及藍綠候選人之勝敗。惟撰文並不預設藍綠的立場。

台灣人對政治有高度熱誠，從晚間許多高收視節目都是一些專家排排坐的談話性節目可以看出。至於對選舉的熱烈程度，更不在話下。常常有朋友於選戰熱烈時，會想問問看我預測的結果，這幾年來很多選舉，我倒是沒有預測失誤過。

我身邊的朋友都知道，其中還有很多有趣的故事。茲舉大家印象深刻的案例來印證之：（一）為何郝龍斌先生於花博案後的低民調還是能當選？（二）朱立倫先生市長選舉和連勝文先生遭到槍擊的關係？（三）馬英九先生為何勝出？

【二〇一〇年11月27日，郝龍斌先生對蘇貞昌先生之台北市長選舉】

二〇一〇年，郝龍斌先生在第一任市長任內，爆發貓空纜車和新生高架橋改善工程植栽採購弊案。此外，台北國際花卉博覽會的採購與管理，也屢生風暴，一點一億的標案被民進黨踢爆獨厚聯合報系。這些爭議弊案，直接導致多位重要幕僚下台，甚至有些遭關押起訴，受司法審理。二〇一〇年八、九月間，有朋友問我，郝龍斌先生是否有機會勝選，當時花博案鬧得沸沸揚揚，郝龍斌市長的支持度十分低，我告訴詢問者，郝龍斌先生於九月底至十月間的選情會改觀，十一月選舉應該會當選。

郝龍斌先生天干地支都有印剋食傷的情形，所以說話有點頓，雖然官印相生氣勢如虹，但實在需要注意說錯話或決策錯誤的情形，預祝他服務市民的工作能順利。（基本上，要預測選舉結果，應該要參看成氣候的候選人的命盤及流年流月，我找不到蘇貞昌先生確實的出生時辰，但此案例只看郝龍斌先生的命盤，便大致可下判斷。）

【二〇一〇年11月27日，朱立倫先生對蔡英文女士之新北市長選舉】

朱立倫先生天干食傷生財，地支官印相生，命局好得像是命理師專門排出來的一般，最近幫一位孕婦選擇剖腹吉時日，我也是幫忙挑這樣的命局。這樣的人參加選舉通常威力很強，只要大運、流年、流月對命局中的精彩點沒有破壞，大致上很難敗。

當時我分析時，和詢問者說：「朱立倫先生會當選，但是最後一個月要多注意同性幕僚或朋友安全，這同性幕僚或朋友出問題，反而對朱立倫先生選舉有幫助。」

選局前的某一晚，正看著電視報導，連勝文先生於永和區為新北市國民黨籍市議員候選人助選時，遭到馬面槍擊的新聞，我還沒反應過來，因為論命分析是月餘前的事，但是身旁的朋友忽然對我說：「咦，這你之前不早就算到了嗎！真的算中了！」很多專家評論連勝文先生遭到槍擊，對郝龍斌先生的選情有幫助，但由命理來分析，我覺得應該是幫到朱立倫先生的成分較高。

【二〇一二年1月14日，馬英九先生對蔡英文女士之中華民國第十三任總統、副總統選舉】

這場選舉關心的人十分多，事前許多朋友都問我誰會當選，藍的綠的都有，甚至有一位國內、外知名的命理大師也問過我（我想這位大師只是想聽聽我的看法，他自己應該也算得出來）。我當時一律回答，蔡英文女士會因為同儕拖累落選，馬英九先生選前支持率低迷，但投票前會回升當選。

有緣嘗的朋友聽完後，直說不可能，他說民調接近的情形，民進黨候選人大多會當選。基本上我對政治沒興趣，我只有依靠命盤中的訊息來解讀。據說，當時很多網路命理的預測都說是蔡英文女士會當選，我實在搞不懂，因為命盤上的訊號十分明顯。

參加選舉，要投入很多時間、心血和財力，我算過一些例子，參選者於不好的時機執意參選，結果沒當選也就罷了，有些因此家庭受牽累，導致生活困頓衰敗，豈得不償失？

當初如果能韜光養晦，改於適當時間出馬，並用心服務民眾，那多好。參選者如果能有位可解讀命盤的朋友幫忙，應該可以順利些。

案例十二 我和學生同時發生七殺攻身的意外

筆者的八字日主為丙火，於壬辰年丙午月（於二〇一二年6月），壬水剋丙火，這個月分，對丙火日主的人是七殺攻身的月分，除非大運或命局天干有通關或抵抗，否則是很凶險的一個月。

我因早知有此一劫，所以上星期跑去捐血，結果捐血是很順利，但捐完血後，血管的加壓止血不足，針刺入的地方黑青一大塊，面積有兩個雞蛋大。我安慰自己，出血過此劫難。事實上，我早已精算過，該當有事，但是應該不會有大事。或許幫人論命後，常常將潤金費捐部分給慈善單位，冥冥中有好的善果迴向。

二〇一二年6月19日，收到一篇論文獲得接受刊登的通知，趕忙通知我一位博士班的學生，他正等著這篇文章被接受，才可以拿到博士學位。因為經濟因素，他這個學期休學，去工業界工作，已有多時未見。

他是一九七九年2月8日巳時，日主和我一樣是丙火。我和他通電話時，忽然想起，他和我一樣都是日主屬丙火。討論好一會兒論文審查委員的評論，還有他後續畢業的事宜，在要掛電話之前，客套地詢問了他近來可好，結果他說身體不太好，我看著自己手上的淤青，問他說發生何事，他說最近動手術。

我問他，該不會是五月底、六月初的事，他說對；再問他，該不會是眼睛或腸子的事（因為丙火受剋，眼睛和小腸出問題很常見），他說是腸子；我又道，該不會是小腸，他說是小腸末端，已手術處理完了。我安慰他，這個月過去就好，他又說前幾天前手被刀子割到，縫了好幾針。

讀完這些故事，讀者可以仔細想想，八字論命術可以如何使用來幫助我們解決問題。在後面的章節中，我們將循序漸進地介紹如何用八字論命術來分析以上範例，這些案例中有的簡單，有的複雜，讀者只要熟讀本書，專心修習，一定能解決類似案例。

卷之三

八字命理基礎知識

本章中，我們開始介紹八字命理的基礎知識。首先，第一節中介紹八字命理理論的起源點——五行。第二節，說明天干及地支，接著我們於第三節中，講述一年中的節氣，當作第四節排命盤的基礎。

第五節，讓讀者了解五行關係衍生出的十神；第六節，則說明何為格局；最後在第七節中，我們進一步探討五行中其他的相關知識。之後在下一章中，便可開始教讀者如何根據一個人的四柱八字，來分析他的性格與特質。

第一節 五行

說到五行，大概大家都能琅琅上口：金、木、水、火、土。以八字論命的理論，這五行是構成所有物質的要素，我們可以想像因為太陽和地球相對位置的改變，天地間有氣場的作用，不同的時間會有不同五行的進氣。同時，每一個人因為出生時間的不同，本身的構成要素也可以用五行來表示。

不過，現在要請讀者將五行的順序改成：木、火、土、金、水。因為木生火、火生土、土生金、金生水、水生木、木再生火，成一循環。請見〈圖一〉，任兩個不同屬性的五行間，不是相生，就是相剋。

實線上加圓圈，表示相生關係；虛線上加上叉，表示相剋關係。

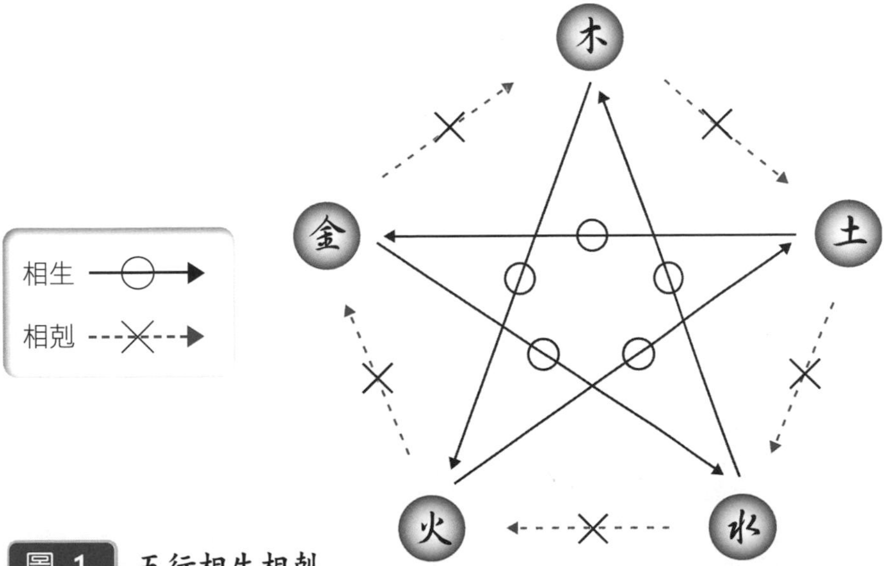

圖 1 五行相生相剋

相生

關於相生的方面，我們可以做如下的觀想，以加強記憶：

木生火	可以觀想成木頭燃燒可以生火。
火生土	可以觀想成物質燃燒後化為土。
土生金	可以觀想成土地中可以取出金屬礦物。
金生水	可以觀想成金屬可融化成液體。
水生木	可以觀想成水可以滋養樹木。

相剋

關於相剋的方面，我們可以做如下的觀想以加強記憶：

木剋土	可以觀想成樹木吞噬土。
土剋水	可以觀想水來土掩這句成語。

水剋火	可以觀想成水將火熄滅。
火剋金	可以觀想成火將金屬融化。
金剋木	可以觀想金屬的刀斧可以砍伐樹木。

有很多朋友常和我討論關於八字命理是否科學的問題，「五行怎麼來的？」是常常提出的問題之一，好像答不出五行的原由，命理就不科學。

但現代科學也有一些問題是無法回答的，例如電子同性相斥、異性相吸，或是萬有引力為何發生的問題等。不過科學家們從許多事例及實驗中，發現確實有這些物理的特性，而相似的情形幾乎在每個領域都存在，命理亦同。

我本身專長非物理學，應該是沒有機會以物理學去探究五行的起源，但是八字命理實際推演其正確性的過程，卻很像是證明五行存在的事例。五行氣場的作用，確實可由一個人生命中的起伏看出，實在不宜一口咬定八字命理不科學。事實上，下一節要討論的天干地支為何存在的道理，也無法解釋和證明，或許我們可以視為古人觀察萬物變化發現的道理。

第二節 十天干及十二地支

天干及地支是中國人傳統的計年方法，如二〇一二年是壬辰年。事實上，月、日也是可以用天干及地支表示：如二〇一二年6月1日是壬辰年乙巳月癸巳日。

十天干

十個天干是甲、乙、丙、丁、戊、己、庚、辛、壬、癸，每個天干都有自己的五行屬性，事實上還有陰陽之分。

甲	陽木，常以「大樹」比喻之。
乙	陰木，常以「小草」比喻之。
丙	陽火，常以「太陽」比喻之。
丁	陰火，常以「燈火」比喻之。
戊	陽土，常以「大石」比喻之。
己	陰土，常以「田土」比喻之。
庚	陽金，常以「刀劍」比喻之。
辛	陰金，常以「珠玉」比喻之。
壬	陽水，常以「大海」比喻之。
癸	陰水，常以「晨霧」比喻之。

剛開始學習八字命理，論命時常會陰陽不分，導致造成很大的誤差。請

盡量將每個天干的五行及陰陽記憶起來，一時記不起來，無妨，但心中一定要知道有陰陽之分。

十二地支

地支方面較為複雜，每一個地支也有所屬五行及陰陽，請見〈圖二〉。圖中第二行列出的為第一行中地支所屬的五行及陰陽，如：子為陰水。

而圖中第三行所列出的，則為第一行中地支的藏干，這是因為地支的氣有些是由不只一個氣所組成。

如丑是由「己」、「辛」、「癸」組成，我們稱「己」、「辛」、「癸」

地支	子	丑	寅	卯	辰	巳	午	未	申	酉	戌	亥
五行	水陰	土陰	木陽	木陰	土陽	火陽	火陰	土陰	金陽	金陰	土陽	水陽
藏干	癸	己 辛 癸	甲 丙 戊	乙	戊 癸 乙	丙 戊 庚	丁 己	己 丁 乙	庚 壬 戊	辛	戊 丁 辛	壬 甲
生肖	鼠	牛	虎	兔	龍	蛇	馬	羊	猴	雞	狗	豬
時辰	23–1	1–3	3–5	5–7	7–9	9–11	11–13	13–15	15–17	17–19	19–21	21–23

圖 2 十二地支

為丑的藏干，其分別稱為丑的「主氣」、「中氣」及「餘氣」。一個地支的氣主要由主氣組成，中氣及餘氣只佔少部分的力量，我們論命時大多只看主氣。而因為丑的主氣為己土，己土乃陰土，故丑為陰土，其他依此法類推。

看懂此段地支陰陽的論述，需要瞭解「節氣」及「十神」，麻煩讀者將「卷之三第三節、第五節」閱讀完之後，再回來參看。關於地支陰陽的論述，有很多討論。主要是子、午、巳、亥，有兩派對其是陰、陽的看法相反。

第一種說法，認為子、午為陽，巳、亥為陰。這種說法，套用奇數月為陽、偶數月為陰。如子、寅、辰、午、申、戌對應為農曆的一、三、五、七、九、十一月，所以為屬陰之地支，其他為陽之地支。但是由日主推十神的表說不通，例如說甲子日生的人，此「子」以其說為陽水本為「偏印」，但是需以陰水來用故配以「正印」。又如乙巳日生的人，此「巳」以其說為陰火本為「食神」，但需以陽火來用，故配以「傷官」。如丙午日生的人此「午」以其說為陽火，但需以陰火來用，故配以「劫財」。丁亥日生的人此「亥」以其說為陰水，需以陽水來看，故配以「正官」。

為此矛盾，創了個說法：「子為體陽而用陰、巳為體陰而用陽、午為體陽而用陰、亥為體陰而用陽。」也就是說子、午雖然是陽屬，但是實務上仍以陰屬來用，而巳、亥雖然是陰屬，但是實務上仍以陽屬來用。

這段文字可以在明朝大國師劉伯溫所著《滴天髓》，清．相國海昌陳之遴素庵氏輯，中的「通神論」之第八章「地支」一段中查閱到。

中國人講的生肖也是以該年的地支決定，如二〇一二年為壬辰年，辰的生肖為龍，所以二〇一二年為龍年，請參考〈圖二〉的第四行。

唐朝以前的論命很注重一個人出生的生肖，但後來已於宋朝摒棄。這生肖於現代八字論命沒有什麼用。有一派的算命法以生肖來論每年凶吉，一般稱為生肖算命法，而有所謂犯太歲之說。生肖論命，只取年支一字來論，屏棄其餘七字不論，更不討論其中相互作用關係。如此只用「一字定吉凶」，實在過於粗略，當然不合乎科學思維。讀者只要取身邊幾個親友來印證就會發現不準，至於只用生肖來論男女婚配，更為無稽之談。

一天中的十二個時辰也是以十二地支來表示，請參考〈圖二〉的第五行。如申時為15時至17時。另外請注意子時乃橫跨兩天，為23時至第二天1時，因此我們將子時分為夜子時（或晚子時）及早子時，夜子時為23時至0時，早子時為0時至1時。

中國古代曆法，六十年為一迴圈，一迴圈稱為一甲子。請參見〈圖三〉，一九八四為甲子年，一九八五為乙丑年。這是因為甲的下一個天干為乙，子的下一個地支為丑，所以如果一九八四為甲子年，就可推出一九八五為乙丑年，此後依次為丙寅、丁卯、戊辰、己巳、庚午、辛未、壬申、癸酉、甲戌等。

事實上，這記年的方法也表示了該流年的進氣，如二〇一二為壬辰年，表示該年中流年的天干進氣為壬水，地支進氣為辰土。二〇一二年6月1日是壬辰年乙巳月癸巳日，此日的流年為壬辰、流月為乙巳、流日為癸巳，粗略來說這些進氣能用來判斷該日某人的應事及命運。

甲子	乙丑	丙寅	丁卯	戊辰	己巳	庚午	辛未	壬申	癸酉
甲戌	乙亥	丙子	丁丑	戊寅	己卯	庚辰	辛巳	壬午	癸未
甲申	乙酉	丙戌	丁亥	戊子	己丑	庚寅	辛卯	壬辰	癸巳
甲午	乙未	丙申	丁酉	戊戌	己亥	庚子	辛丑	壬寅	癸卯
甲辰	乙巳	丙午	丁未	戊申	己酉	庚戌	辛亥	壬子	癸丑
甲寅	乙卯	丙辰	丁巳	戊午	己未	庚申	辛酉	壬戌	癸亥

圖 3 六十花甲

第三節 一年中的節氣

農民曆中有記載一些節氣的起迄點，當作農民耕作的參考，事實上，這些節氣並不是以月亮的運轉來決定，而是以太陽照射地球的角度來決定。基本上，不同角度有不同的流月進氣。在某些特殊的角度，就是某個節氣的開始。歷史上，只有少數民族的曆法是陰陽曆，除了埃及，中華民族留傳數千年的曆法，也是太陽、月亮的運行都參考的陰陽曆。

一年主要有十二個節氣，分別是立春、驚蟄、清明、立夏、芒種、小暑、立秋、白露、寒露、立冬、大雪、小寒。兩個節氣間有一個中氣，但因為論命時用不著，因此我們不提。

一般習慣說立春是農曆一月，事實上這個說法是不精準的，如二〇一二年的立春，開始是國曆2月4日18時22分，但此日為農曆1月13日。要知道每年節氣的起迄點，讀者需買一本萬年曆來查閱，以下說明一些基本的規則：

第一，因為節氣是以太陽照射地球的角度來決定，所以某節氣的開始日期多半與每年國曆的月、日差不多。以下是每個節氣大約開始的國曆月、日，請注意每年可能會有一、兩天的偏移，實際日期請以查閱萬年曆為準：

立春	國曆 2 月 4 日
驚蟄	國曆 3 月 5 日
清明	國曆 4 月 4 日
立夏	國曆 5 月 5 日
芒種	國曆 6 月 5 日
小暑	國曆 7 月 7 日
立秋	國曆 8 月 7 日
白露	國曆 9 月 7 日
寒露	國曆 10 月 8 日
立冬	國曆 11 月 7 日
大雪	國曆 12 月 7 日
小寒	國曆 1 月 5 日

我們要說明節氣，是因為節氣在我們論命及排命盤時都用得到。如二〇一二年6月1日是壬辰年乙巳月癸巳日，二〇一二年的立夏由國曆5月5日開始，而該年立夏流月的進氣是乙巳，所以我們將國曆5月5日至6月5日稱為乙巳月。

在不同年的相同的節氣，可能為不同的月，如二〇一二年的立夏開始為乙巳月，但是二〇一三年的立夏開始則為丁巳月。雖然不同年相同的節氣，其天干不同，但地支一定相同，如立夏必定為巳月開始。

寅月	國曆 2 月 4 日～ 3 月 5 日
卯月	國曆 3 月 5 日～ 4 月 4 日
辰月	國曆 4 月 4 日～ 5 月 5 日
巳月	國曆 5 月 5 日～ 6 月 5 日
午月	國曆 6 月 5 日～ 7 月 7 日
未月	國曆 7 月 7 日～ 8 月 7 日
申月	國曆 8 月 7 日～ 9 月 7 日
酉月	國曆 9 月 7 日～ 10 月 8 日
戌月	國曆 10 月 8 日～ 11 月 7 日
亥月	國曆 11 月 7 日～ 12 月 7 日
子月	國曆 12 月 7 日～ 1 月 5 日
丑月	國曆 1 月 5 日～ 2 月 4 日

第四節 正確排出命局及大運起迄點

要使用八字命理來論定一個人的命運，主要得先排出命局，命局中有兩個部分，一是四柱，一是大運。四柱分別是年柱、月柱、日柱、時柱（有些八字命理門派還需排出其他符號，但以筆者的方法僅此兩部分已足夠）。行文至此，讀者需準備一本萬年曆，若是一時買不到，使用網路上的萬年曆亦可。以下舉某女士，生於二〇一二年6月12日15時30分（申時）。

【步驟一】

首先查閱萬年曆得出二〇一二年6月12日為壬辰年丙午月甲辰日，丙午月節氣為芒種，起於6月5日14時25分，終於7月7日0時40分。見〈圖四〉，將壬辰、丙午、甲辰分別填入年柱、月柱、日柱。「壬」為年柱之天干，稱為年干：「辰」為年柱之地支，稱為年支，以下類推。出生時間15時30分為申時，將時支填上「申」。

時柱	日柱	月柱	年柱
	甲	丙	壬
申	辰	午	辰

圖4 八字命局範例

小叮嚀

關於出生時間根據我個人論命的經驗，有時婦產科所報的時間會有所誤差。我發現出生時間應該是以嬰兒身體接觸空氣的瞬間開始計算，因為孕婦產道張開、使嬰兒身體部分接觸空氣後，往往醫生還有一些其他準備工作，耽擱一段時間後，才將嬰兒全部拉出產道，因此有時所報的時間會變成下一個時辰。如果論命時發現命主和命盤合不上，請試試前一個時辰。

如果出生地不在台灣，請以當地時間為準。

請注意出生的時間是否有夏令節約時間。

如果是大陸的朋友，一定要計算出生地和大陸標準時間的時差。台灣及大陸各地之時差，請讀者自行上網查詢。

【步驟二】

根據日干及時支然後依〈圖五〉查表得出時干。以本範例而言，日干為「甲」，時支為「申」，得出時干應為「壬」。將「壬」填入時干，得出〈圖六〉。

時支

日干

子夜	亥	戌	酉	申	未	午	巳	辰	卯	寅	丑	子早	
丙	乙	甲	癸	壬	辛	庚	己	戊	丁	丙	乙	甲	己甲
戊	丁	丙	乙	甲	癸	壬	辛	庚	己	戊	丁	丙	庚乙
庚	己	戊	丁	丙	乙	甲	癸	壬	辛	庚	己	戊	辛丙
壬	辛	庚	己	戊	丁	丙	乙	甲	癸	壬	辛	庚	壬丁
甲	癸	壬	辛	庚	己	戊	丁	丙	乙	甲	癸	壬	癸戊

圖 5 起時干

時柱	日柱	月柱	年柱
壬	甲	丙	壬
申	辰	午	辰

圖 6 八字命局範例

【步驟三】

接下來要算出大運何時開始運行，每十年大運會轉換一次，我們得先算出開始運行的時間。首先根據〈圖七〉以命主的年干查出是為陽男、陰女、陰男、或陽女。我們的範例命主年干為「壬」，因此為陽女且大運為逆行。如果是陽男或陰女，則算出由生日生時至下一個節令的時間；若是陰男或陽女，則算出由生日生時至本月節氣開始的時間。以本範例而言，陽女要計算6月5日14時25分至6月12日15時30分的時間。6月12日15時30分減6月5日14時25分，等於7日1小時5分。接著以3日折算一年、一時辰折算10天，換算剛剛算出的7日1小時5分，計算如下表：

$$\left(\frac{7\text{日}}{3\text{日}}\right) = 2\frac{1}{3}\text{年}$$

換算得出2年又4個月。

$$1\text{小時}5\text{分} = 1\frac{5}{60}\text{小時} = \frac{13}{12}\text{小時} = \frac{13}{24}\text{時辰}$$

換算得出 $\frac{130}{24}$ 日 = 5.42日。

以上2年又4月加上5.42日，得出上運時間約為出生後2年4月又5日。

命主出生日2012年6月12日，出生後2年4月又5日為2014年10月17日，為該年節氣寒露（查萬年曆為10月8日）後9天。我們採虛歲制度，一出生就是一歲，出生後兩年就是命主三歲，因此最後得出上運開始時間為命主三歲那年的寒露後9天。

關於一個人的歲數，華人很特殊，有「實歲」和「虛歲」兩種。所謂實歲是一出生到下個生日為0歲，每次生日加一歲。舉例：某命主是二〇二三年1月20日9點出生，以實歲來看，二〇二三年1月20日9點，至二〇二四年1月20日9點為0歲，二〇二四年1月20日9點至二〇二五年1月20日9點為1歲，依此類推。

虛歲配合立春換年的規則，出生時虛歲立即為1歲，每逢立春時加一歲。以前例，此命主出生後第一個立春為二〇二三年2月4日10時42分（癸卯年立春），所以二〇二三年1月20日9點，至二〇二三年2月4日10時42分為1歲。因為下一個立春為甲辰年的立春（二〇二四年2月4日16時26分）。所以二〇二三年2月4日10時42分，至二〇二四年2月4日16時26分為2歲，以下依此類推。

【步驟四】

查〈圖七〉陽女大運為逆行，所謂逆行指大運是月柱以六十花甲的上一個干支開始逆著走。而順行就是指大運是月柱以六十花甲的下一個干支開始順著走。本範例中月柱為丙午，察看〈圖三〉，丙午的前一個干支為

順行	陽男	甲	丙	戊	庚	壬
順行	陰女	乙	丁	己	辛	癸
逆行	陰男	乙	丁	己	辛	癸
逆行	陽女	甲	丙	戊	庚	壬

圖7 大運順逆圖

乙巳，因為是逆著走，所以接下來的大運是甲辰、癸卯、壬寅、辛丑、庚子、己亥、戊戌、丁酉。上運時間為三歲，一柱大運走十年，因此將大運分別標註3、13、23、33、43、53、63、73、83。見〈圖八〉，此大運表示命主虛歲3歲時的寒露後9天開始乙巳大運，到虛歲13歲時的寒露後9天，換成走甲辰大運，依此類推。

接著我們使用範例來解釋大運的意義。根據〈圖八〉的命局，命主虛歲3歲時寒露後9天，走一波乙巳的大運，此十年大運至虛歲13歲時的寒露後9天結束。下一個大運乃甲辰，由虛歲13歲時寒露後9天開始走十年，依此類推。另外在十年大運中，

時柱	日柱	月柱	年柱
壬申	甲辰	丙午	壬辰

83	73	63	53	43	33	23	13	3	
丁酉	戊戌	己亥	庚子	辛丑	壬寅	癸卯	甲辰	乙巳	大運

每逢甲、己年寒露9天後交脫大運

圖8 八字命局範例

前五年主要走大運天干的力量，後五年主要走大運地支的力量。以此例而言，虛歲3歲時寒露後9天開始五年間，乙木的力量很強，此段時間巳火的力量較不明顯，但是虛歲8歲時的寒露後9天開始五年間，巳火的力量已經較明顯。

關於排出命局，使用電腦軟體即可，因為人工計算難免有時錯誤。網路上有很多網站都提供免費的排盤網頁，讀者可以使用筆者設計的網頁（http://prof-hwang-fortune-telling.org）。不過，讀者應該還是要知道排盤的方法，至少本章中的範例要弄清楚。

黃教授排盤網頁的QR碼

使用電腦軟體來排盤又快、又正確，讀者至此已經知道排出命盤的基本方式，但是就算使用電腦軟體排盤，還是有一些排盤的細節需要知道。如：

- ❖ 是否要用當地時間？
- ❖ 夏令節約時間的實施，會如何影響出生時間？
- ❖ 如何根據經度，校正出真正的太陽生辰時間？
- ❖ 如果出生時間在節氣接界處排盤，是否有要注意的事項？

書末的〈附錄〉，對以上的議題有特別說明。

同時，如果讀者是一個追根究底的人，會發現自己手動計算的上大運時間，和程式計算出的時間，會差上一、兩個小時，這是為什麼呢？請參閱〈附錄〉。這問題對於我們後續研究論命不是很重要，有興趣再鑽研即可。

第五節 五行關係衍生出的十神

十神也有人稱為六神，稱呼不重要，瞭解其意義就好。這十神為「比肩」、「劫財」、「食神」、「傷官」、「正官」、「七殺」、「正財」、「偏財」、「正印」、「偏印」。

據說宋朝徐子平發現命局四柱中的日干代表一個人的元神屬性，元神又稱為日主、日元等。舉例來說〈圖八〉中，該命主的日干為甲木，甲木旁的月干為丙火，木生火，因此丙火必為元神甲木所生出的物質元素。這相關於日干元神的相生相剋關係，可以拿來論斷一個人的個性、特質、行事風格、親友關係等。古人根據這些觀察，使用一些符號來表示這些關係，以方便論命，被稱為十神。以下加以討論之：

1 和元神五行相同的被稱為比劫——分為比肩及劫財兩種，和元神同陰陽的為比肩，不同陰陽的為劫財。

- 如元神為甲木：甲就是比肩，乙就是劫財。地支的十神決定方法相同，如寅木為陽木，所以為比肩，卯木為陰木，所以為劫財。（再舉例：如元神為戊土，戊就是比肩，己就是劫財。）

2 為元神五行所生出的為食傷——分為食神及傷官兩種，和元神同陰陽的為食神，不同陰陽的為傷官。

- 如元神為甲木，因為木生火，所以火為食傷。丙火為陽火，和甲木同為屬陽，所以丙火為食神。依此類推丁火為傷官。

3 剋元神之五行被稱為官殺——分為正官及七殺（亦稱為偏官）兩種。和元神同陰陽的為七殺，不同陰陽的為正官。

4 元神所剋之五行被稱為財星——分為正財及偏財兩種。和元神同陰陽的為偏財，不同陰陽的為正財。

5 生出元神之五行被稱為印星——分為正印及偏印兩種。和元神同陰陽的為偏印，不同陰陽的為正印。

元神或日主

癸	壬	辛	庚	己	戊	丁	丙	乙	甲	
傷官	食神	正財	偏財	正官	七殺	正印	偏印	劫財	比肩	甲木
食神	傷官	偏財	正財	七殺	正官	偏印	正印	比肩	劫財	乙木
正財	偏財	正官	七殺	正印	偏印	劫財	比肩	傷官	食神	丙火
偏財	正財	七殺	正官	偏印	正印	比肩	劫財	食神	傷官	丁火
正官	七殺	正印	偏印	劫財	比肩	傷官	食神	正財	偏財	戊土
七殺	正官	偏印	正印	比肩	劫財	食神	傷官	偏財	正財	己土
正印	偏印	劫財	比肩	傷官	食神	正財	偏財	正官	七殺	庚金
偏印	正印	比肩	劫財	食神	傷官	偏財	正財	七殺	正官	辛金
劫財	比肩	傷官	食神	正財	偏財	正官	七殺	正印	偏印	壬水
比肩	劫財	食神	傷官	偏財	正財	七殺	正官	偏印	正印	癸水

圖 9 天干十神表

元神或日主

癸	壬	辛	庚	己	戊	丁	丙	乙	甲	
傷官	食神	正財	偏財	正官	七殺	正印	偏印	劫財	比肩	寅木
食神	傷官	偏財	正財	七殺	正官	偏印	正印	比肩	劫財	卯木
正財	偏財	正官	七殺	正印	偏印	劫財	比肩	傷官	食神	巳火
偏財	正財	七殺	正官	偏印	正印	比肩	劫財	食神	傷官	午火
正官	七殺	正印	偏印	劫財	比肩	傷官	食神	正財	偏財	戌辰土
七殺	正官	偏印	正印	比肩	劫財	食神	傷官	偏財	正財	未丑土
正印	偏印	劫財	比肩	傷官	食神	正財	偏財	正官	七殺	申金
偏印	正印	比肩	劫財	食神	傷官	偏財	正財	七殺	正官	酉金
劫財	比肩	傷官	食神	正財	偏財	正官	七殺	正印	偏印	亥水
比肩	劫財	食神	傷官	偏財	正財	七殺	正官	偏印	正印	子水

圖 10 地支十神表

偏印	元神	食神	偏印
壬	甲	丙	壬
申	辰	午	辰
七殺	偏財	傷官	偏財

83	73	63	53	43	33	23	13	3	大運
丁酉	戊戌	己亥	庚子	辛丑	壬寅	癸卯	甲辰	乙巳	

每逢甲、己年寒露 9 天後交脫大運

圖 11 八字命局範例

命局中的四柱八字可將其十神標註在上面，方便我們推命。如果一下子記不起這些規則，可以使用〈圖九〉天干十神表，以及〈圖十〉地支十神表速查。我們將〈圖八〉的命局，標上十神後可得出〈圖十一〉的結果。

第六節 一個人的格局

排出如〈圖十一〉的命局後，我們還可以進一步決定一個人的格局。格局是以月支的十神來決定，如〈圖十一〉的命局，日主為甲，月支的十神為傷官，稱為「傷官格」，連日主一起說明，習慣上說「甲生午月傷官格」。

有些八字算命的方法，為求速成，直接用日主及格局來說明一個人的性格。因日主有十種天干的可能，月支有十種十神的可能，故共有100種組合，然後用查閱的方法告知命主他的個性。這種方法是讓初學者速成算命，在八個字中只取兩個字來判斷，完全沒考慮四柱八字的交互應用關係就判斷，不用也罷。

但這種方法其實並非完全沒道理，因為命局中不同的五行，根據命主出生不同的月分，會有不同的力量，有些論命法十分倚靠這種訊息。月支又稱為月令，因為其五行一定和生月的五行相同，所以特別強。但筆者經驗顯示，還是以五行交互作用的關係，整體研判較為精準，也能讀出更多訊息。

基本上格局還是可以參考，把月支想像成個一開始就很強的五行，再考慮五行交互作用的關係，就可以做出正確的判斷。事實上，如果月支和年支、日支、時支的互動結果是被剋，那還是以弱論。

第七節 再談五行間的關係

第五節中我們提及運用日干推出十神來表示命局四柱中其他五行表示的意義，事實上，論命時還是得以五行間的交互作用關係來判斷。在第一節的〈圖一〉有介紹了五行間相生相剋的關係，本節我們將進一步說明五行間其他相關的知識。

陰陽

首先第一點要注意的是五行間相生相剋和陰陽的關係：

1 同陰陽五行相剋，基本上被剋者會受傷嚴重。

◆舉例：甲剋戊，因為甲為陽木，戊為陽土，如果只有兩者的作用，戊土會被剋，受傷嚴重。

2 不同陰陽五行相剋，若是陰剋陽，基本上是剋之無力，舉例而言癸水剋丙火，前面提及癸水可以觀想成晨霧，而丙火是熊熊烈火，晨霧怎可將草原上的熊熊烈火澆熄呢？但是熊熊烈火多少因為晨霧之水氣受損。

3 不同陰陽五行相剋，若是陽剋陰，一般謂之剋之有情，我們想像一位魁武的男士，遇到嬌滴滴的女士，怎忍心痛下殺手呢？

4 同陰陽五行相生，生之順暢，如甲木生丙火，丙火會變的很強，甲木力量轉換成丙火的比例很大。甲木生丙火，一般命理書稱為甲「洩」於丙。

5 不同陰陽五行相生，生之不順，如乙木生丙火，丙火增強不多。

相沖

其他於論命中要注意的其一是地支六沖，剛剛介紹的五行相剋，基本上是單方面的破壞，但某些時候五行的作用很像兩個交通工具相撞，結果兩者皆有傷。

舉例而言，子水沖午火，本來水剋火，午火遇子水必定要受傷，且子及午都屬陰。但事實上，子沖午為互沖，子水也會受傷，只不過以五行水剋火而論，午火受傷較重。地支六沖討論如下：

地支六沖	
子沖午	午受傷較重。
丑沖未	丑、未兩者皆為土，筆者經驗，不會造成重大應事。
寅沖申	寅受傷較重。
卯沖酉	卯受傷較重。
辰沖戌	辰、戌兩者皆為土，筆者經驗，不會造成重大應事。
巳沖亥	巳受傷較重。

合化

接下來討論的是天干及地支合化的問題，這合化的問題是八字最難學的部分，筆者收集很多資料，研究各派的說法，並根據案例來研究分析，好不容易才瞭解合化造成之互動關係，也才開始對論命有一些心得，這是很難突破的部分，請先耐心閱讀本節提出的合化基本說明。我們還會於〈卷之四〉、〈卷之五〉分析案例時，用實例來補充合化的說明。

所謂合化，是指兩天干或兩地支相遇時，會產生引力，這是指「合」的力量，一旦某一個天干或地支被合，第一件事就是他本身會喪失部分和附近其他的天干地支作用的力量。

如果此天干本來是保護日主，一旦被合，就可能造成日主乏人保護，進而受傷。這是現代八字命理要靠分析能力來論命的主要困難地方，分析流年流月命運時，通常有五、六個以上的天干或地支同時交互作用，經驗不足，很容易判斷錯誤。

兩個天干或兩地支被合時，如果沒有化（何時會化，容後述），則這兩者有時只是互相牽制，偶有某方吃虧或受傷的情形。

但如果其中有一者發生「化」——所謂的「化」就是轉換——則之後兩者牽制、吃虧或受傷的情形又是另一種情況了。讀者閱讀至此，恐怕灰心喪志，覺得八字真難。

讓我們用另一個觀點來看，其實，人生會發生的事情如此複雜，若八字天干或地支的生剋合交互作用很簡單易解，那八字這套理論，哪可能精準地說明人生的起伏及韻律呢？筆者認為，依本書的指引，循序漸進研究案例，一定能有所成，重要的是基礎認知要是對的，才能越來越進步。

關於合化的問題，基本上有合無化的情形，請考慮化神之力增強，然後沒有被化的天干，是否吃虧或得利，利用五行生剋道理即可立即判斷，事實上並不需記憶。

至於為何會化？道理很簡單，只要同一柱的地支，和化神相同或會生出化神即會化，但是同柱五行相同不化，「如壬子、辛酉」。以甲己合化土（土稱為化神）而言，己本身是土，所以不需討論是否會化，只要和甲同一柱的地支，和化神土相同或會生出化神土（火生土），所以甲辰、甲午、甲戌的甲，遇到己會化為土。

以下討論天干五合：

天干五合	
甲己合化土	● 甲被合後要化為土的條件是，甲要坐在辰、午、戌上面，也就是說甲辰、甲午、甲戌的甲，遇到己會化為土。當然土的力量會增強，但不可論斷為甲受傷。 ● 若甲沒有化，以五行相剋的道理，本來甲木剋己土，但是甲己合化土，請觀想為一棵大樹抓住山坡上的泥土，雖然抓住，但不會造成侵蝕。己土本身沒有大傷。
乙庚合化金	● 庚本身是金，不用討論其化的問題。乙丑、乙未、乙酉的乙遇庚化為辛金。 ● 若乙沒有化，金的力量很強，乙木受傷，而且是被拉著打。
丙辛合化水	● 丙子、丙辰、丙申的丙會化壬水，辛亥的辛會化癸水。辰五行不為金或水，但是辰中藏干有水，為溼土，這是特例。 ● 若丙沒有化，水的力量很強，丙火吃虧。本來火遇金，金會倒楣，卻因這合化的力量，造成丙火吃虧。為何說吃虧，丙本來要剋金，卻因水的力量受損，但是辛金也會因為丙火的力量受傷，有點互相牽制兩敗俱傷的感覺。不過通常丙火受傷的應事先顯現，然後是辛金受損的應事發生。
丁壬合化木	● 丁卯、丁亥的丁會化乙木，壬寅的壬會化甲木。 ● 兩者均不化，或有一沒化，因為木的力量大，水生木，木生火，結果丁、壬都沒損傷，丁火還挺得意。
戊癸合化火	● 戊寅、戊午的戊會化丙火，癸卯、癸巳的癸會化丁火。 ● 若癸戊沒有化，火增強，火生土，土剋水，癸水受傷。

我們再來討論地支六合：

地支六合	
子丑合化土	• 丙子、戊子的子會化土。 • 子若沒化，子會受傷。
寅亥合化木	• 乙亥的亥會化木。 • 亥若沒化，兩者僅僅牽制。
卯戌合化火	• 丁卯的卯會化火，甲戌、丙戌的戌會化火。 • 卯若沒化火，卯吃虧，此時戌若也沒化，戌得利。
辰酉合化金	• 庚辰的辰會化金。 • 辰若沒化金，辰吃虧，會付出。
巳申合化水	• 辛巳、癸巳的巳會化水，壬申的申會化水。 • 巳若沒化水，大吃虧。
午未合化火★	• 乙未、丁未的未會化火。 • 未若沒化火，得小利，但受牽制。

★關於午未合亦有說是午未合土，因為火生土，兩派講法其實於論命的結果不會有太大的差異。

地支四暗合，常常被忽略，論命時也要檢查是否有發生：

地支四暗合	
卯申暗合金	因為卯中藏干主氣為乙，申中藏干主氣為庚，庚乙合化金，因此推出卯申暗合金。通常發生暗合表示私底下發生的情形，通常不為人所知，因為還有其他藏干氣場作用，不需考慮化的問題，想成有部分會化即可。其他依此類推。
午亥暗合木	依前類推。
寅丑暗合土	依前類推。
巳酉暗合水	依前類推。

如果合造成化，這化的轉變有時根本不會發生，或是於某些時間點會消失。基本上被化者，有生助的五行來幫忙，不會化。以下面〈圖十二〉的案例來看，天干甲己合，因為甲木坐戌土之上，原本甲木會化戊土，但是甲之旁有日干壬水來生，所以甲木化不成。這道理可以想成甲木因為有壬水來生，甲木變強了，因此不會因為其他的影響受牽制而化。另外請注意日主不會化。月支只有在年支或日支很強的時候，才會化。（詳見〈卷之五〉案例十五）

但以〈圖十三〉的例子，丁火生不了甲木，則以甲木化戊土來論。不過若是逢壬水的年分，甲木會因為該年壬水的作用而造成不化的情形。這也還需要看該年壬水強不強，是否會受大運的影響等。

所以很多情況下，受大運、流年、流月進氣的影響，甲木或許會化，或是部分轉化。這方面的判斷需要很多經驗。惟初學者首先要注意，有合化就是有牽制之力，如此論斷，有七、八成的精確度。

若是論命不論合化，則差之遠矣。筆者見過很多命理師論命時只要一見合化，就用來解釋有某五行受傷，連化神也不拿來判斷，這實在是入寶山而空手回。

*	壬	甲	己
*	*	戌	*

圖 12 八字命局範例

*	丁	甲	己
*	*	戌	*

圖 13 八字命局範例

相信這合化的原理乃古人費盡千辛萬苦才得出，論命時棄之不顧，豈有此理。想想人世間發生的事理關係，豈會只有五行的生、尅？這合化的複雜關係，不也正代表人生在世的精彩歷程嗎？

以上這些作用關係，剛開始學習命理時都是先記憶，如果每一種情形及作用力都能有案例或證據來印證，那對學習者來說，推命論事才能真正地如魚得水。

傳統命理有所謂以身強身弱來論命、有依規則判斷用神來論命、有採神煞來論命等等，但基本上都不強調以五行相互作用的關係來論命，為何？因為要能將五行相互作用的關係靈活運用來論命，要依靠很多分析及推理，學習及運用上挺困難，所以有些八字門派，採用速成法，記憶一些規則，於推命時套用，不需要太多分析推理。

但這些規則根本就無法涵蓋所有情形，因此造成時準時不準的狀況，因此又得針對不準的狀況來創造新的規則，最後規則越來越多，反而難學。讀者如果想學習我在本書中介紹的方法論命，一定要遵循以五行間作用力的結果來判斷，俟能靈活運用，必能無入而不自得。

其他

關於干支間的的作用力，古書上討論很多，目前本書所列出討論的主要有天干及地支的相生相剋、天干五合、地支六合、地支六沖、地支四暗合。以筆者的經驗，我們論命時，若能將以上關係考慮得很清楚，基本上已足夠。其他值得參考的還有地支的三會局及三合局。三會局是：

寅卯辰三會木；巳午未三會火；申酉戌三會金；亥子丑三會水

三合局是：

申子辰合水局；巳酉丑合金局；寅午戌合火局；亥卯未合木局

三會局及三合局基本上是地支某五行的力量會增強，如命局四柱地支中已有寅卯因大運、流年、或流月帶來辰土的氣，而因為寅、卯、辰三會木，所以要考慮整個地支木的力量增強。因此若命主的日主為丙火，木為其印星，就要論為有較強的印星在地支作用。

但事實上，寅、卯本為木，本來地支木的力量不就很強嗎？有些書上利用三會局及三合局來體察男女姻緣的總總說法，但常常最後都會說有例外，實在不建議使用類似方法幫人論命。

其他古書上提及的地支作用力尚有相破、相穿、相刑，如果全部都要考慮，那就什麼都不用算了，一年中沒有時間有好事。依筆者愚見，考慮天干及地支的相生相剋、天干五合、地支六合、地支六沖、地支四暗合足矣，勿庸人自擾。

倒是一些奇怪的說法，拿來看圖說故事挺有用，讀者若有興趣上書店翻翻書，就可以看到些說故事的範例。筆者感覺是，如果干支作用力的基本分析能力不足，就會有一些人拿這些奇怪的說法來搪塞。讀者讀懂本書〈卷之五〉的案例說明後，必能了解。

卷之四

科學的八字論命法【命局篇】

第一節 以十神來判斷命主個性

充分瞭解五行間的關係，進一步知道十神所代表的意義，我們就可以立即根據一個人的命盤，判斷出一個人的個性、特質、學業及學運、適合行業、身體及疾病注意事項、幸運顏色、幸運方位等。但首先我們得知道命局中每一個十神所代表的意義及應事。

在分析命局時，我們會先根據五行生、剋、合之交互作用關係，來判斷命局四柱八個干支的強弱，說明命局十神特性的展現。判斷干支強弱的方法，我們在下一節會更詳盡的說明，但本節在說明十神的特性，難免有某十神為「弱」、「強」、「過旺」等論述。以下為最基本的判斷法，請注意天干地支要分開來判斷，同時以下三點所提「被剋」及「生助」，均是指陰陽相同干支的相剋及相生。

【弱或無力】八字中無該十神或者該十神被剋。

【強】八字中該十神沒有被剋（亦稱為安坐）或有生助。

【過旺】八字中該十神安坐數目超過兩個或有兩個以上來生助。

比劫星：比肩、劫財

1 比肩、劫財在本質表現上代表：自尊、自我察覺、自我了解、朋友、同儕、兄弟姊妹、社交能力。

2 在個性表現上：

◆【比肩】、【劫財】強旺

優點 有自我想法、不受人影響。喜歡朋友，願為朋友兩肋插刀，赴湯蹈火，再所不惜。在朋友圈中，很容易拓展人脈，經營人際關係，如魚得水，再簡單不過。對朋友的概念就是一日是朋友，終生是手足。

缺點（若【比肩】、【劫財】在命局裡過旺，就反而會顯現出缺點）固執、主觀，對金錢不在意，容易亂花錢，重義輕財。

◆【比肩】、【劫財】無力

精神容易緊張、沒有安全感、不善交友、朋友少、與手足緣薄、心志不堅、容易受人左右。

食傷星：食神、傷官

1. 由日主己身所生出，其本質為展現出的智慧、思維、才智、能力、名望。
2. 個性上通常自我意識強、自尊心強、有自我想法、有勇氣、無畏的精神、個性急躁。邏輯推理能力強、語言表達清晰、思考架構明朗、空間概念好、想像力豐富、有創意、創造力。肢體律動能力強，如擅長舞蹈、球類運動、體操、跑步、游泳等。藝術創作力強，如繪畫、色彩、圖像、美學感受深刻、音樂智能高、音受力、音樂欣賞能力佳。
3. 通常藝術家、影歌星、運動家、或是科學家都有很強的食傷星。
4. 女性表示其子息

   ⊙ 傷官為兒子、食神為女兒。
5. 食神、傷官雖然都主智慧才華，但仍有不同，以下為簡單的區分：

【傷官】

◆ 傷官強旺

優點 眼神透著睿智、爍亮有精氣。聰明、才智高、善謀略、論事一針見血。不墨守成規、顛覆傳統、喜革新、有開創的氣魄。

缺點 （若傷官在命局裡過旺，就反而會顯現出缺點）叛逆、恃才傲物、不留情面、好高騖遠、任性我行我素、心直口快容易犯上或得罪人、聰明反被聰明誤。

◆傷官無力

缺臨場應變能力、缺創造力、腦筋打結、懶散、行事不積極、不知變通。

【食神】

◆食神強旺

優點 眼神靈動、秀氣。才華洋溢、能歌善舞、能言善道、點子多、睿智。

缺點 （若食神在命局裡過旺，就反而會顯現出缺點）愛打高空、曲高和寡以至計畫落空。

◆食神無力

表達能力差、做事呆板缺變化、懶散、行事推託、不懂通權達變。

財星：正財、偏財

1. 日主所能支配、管理的一切事物。在本質上代表物質、享受、收穫、錢財、異動、玩樂。
2. 男性財星表示其妻子或女友。有一說男、女命可視財星為父親，根據筆者驗證此說正確率低，建議莫以此論命。
3. 正財一般指日常正職的收入。偏財指非正常、大筆的錢財、意外之財。
4. 個性上：

◆正財、偏財強

優點 賺錢積極、重視錢財、對錢財斤斤計較。男性異性緣好，很體貼情人、太太。

缺點 （若正財、偏財在命局裡過旺，就反而會顯現出缺點）做事無恆心、喜享樂、過度重視物質享受。尤其偏財多的人，好賭博及喜歡投機型投資。

◆ 正財、偏財無力

男士對太太、情人標準高，常挑剔、而且容易有控制狂的傾向。妻緣淺薄（男性）、相處的機緣較少、晚婚、賺錢欲望不高、物欲低、花費闊綽、不惜財、不善理財、財進財出、守財不易。

官殺星：七殺、正官

1. 官者：管也。官殺星是指所有管理、控制、管束、傷害日主的一切有形的體制、規則、無形的壓力，有傷害性人、事、物，讓日主懼怕，受制約。七殺古稱偏官，也是官星之一。
2. 正官表示政府、官位、老師、法律、地位、管理、規範、守法、貴氣、好教養、端正的容貌、追求完美的性格。
3. 七殺表示劫難、災害、意外、小人、壓力、嚴格的自我鞭策、高壓管理。
4. 兩者有些不同：較猛爆、有傷害性的是七殺，平和的管理、規範是正官。
5. 女命正官表示其先生，若命局中無正官有七殺，則七殺表示其先生。

6 男命官星表示其小孩

⊙ 正官為女兒、七殺為兒子。

7 個性上：

◆ 正官強旺

優點 謹慎、正直、守法、守紀律、具行政能力、能處理公眾事物、能自我要求、端莊、穩重。

缺點（若【正官】在命局裡太強，就反而會有缺點）保守、鄉愿、放不開、無作為、考慮過多、猶豫不決、難下決定。

◆ 七殺強旺

優點 不怒自威、果斷、有幹勁、工作以目標取向，使命必達。

缺點（若七殺在命局裡過旺，就反而會顯現出缺點）嚴厲、內心壓抑、壓力大、精神不易放鬆、工作狂、強迫症。

正官、七殺無力：不善行政管理、行事無效率、反體制、容易與長官對抗、動不動就厭倦工作。

印星：偏印、正印

1 印星是保護、護衛日主的一切力量。包括貴人、長輩、福氣、信仰、宗教、公司、法律、公部門、醫藥、不動產、祖先遺蔭、權柄、安定感、面子、道德感。

2 男命及女命正印表示母親。

3 個性上：

◆偏印、正印強旺

優點 好學、求知心強、仁慈、善良、淡泊名利、個性隨和、好與人為善、講信用、有任官掌權的機緣、有長輩、貴人扶持。喜歡追求心靈的提昇，宗教信仰、偏印多的人喜玄學，正印旺的人，則追求宗教哲理。

缺點 （若正印、偏印在命局裡過旺，就反而會顯現出缺點）愛說話、喋喋不休、懶惰、不思進取、消極。

◆偏印、正印無力

生活、心靈不安定、奔波、變動、常遷徙、遠走他鄉、無法守承諾、性格詭譎、城府深、讓人猜不透。

我們在論命的時候，天干發生的事件及個性上的特徵，通常是外顯及遠方的情事，而地支發生的事件及個性上的特徵，通常是不為人所知及近處的情事。除了依照天干地支的強弱來論定一個人的命局外，我們還要考慮相生、相剋、合化的情形來討論。請參看〈圖十四〉。

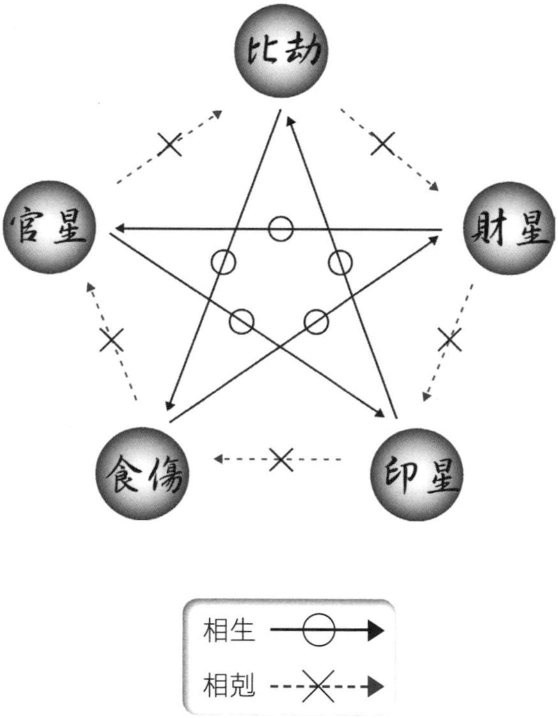

圖14 十神相生相剋

第二節 檢視命局四柱的五行生剋合交互作用關係

命局四柱中因為遠近距離相互作用關係，還可以做出更多個性、特質、親友關係、應事的判斷。基本上判斷方法根據以下規則考慮：

1. 天干及地支請分開來判斷。如前述，合化要考慮干支位置相鄰的關係，時干及月干算是相鄰★。
2. 天干發生的情形較為外顯且較為人所知，地支發生的情形較為內斂且較為人所不知。
3. 透干及月令要考慮進去，透干及月令的十神以強論。
4. 干支之陰陽需仔細分辨。
5. 沖剋及合化請特別辨明，尤其合後是否有化，需仔細判斷。
6. 也需考慮通關的作用。通關之意思請見後文。
7. 合後是否有化請考慮因為其他作用造成化的消失。

★日主也會和時干及月干作用，一般排命局時都習慣將此三者並列。但在判斷命局四柱交互關係時，請將此三者關係視為三角形之相對位置，見右圖。

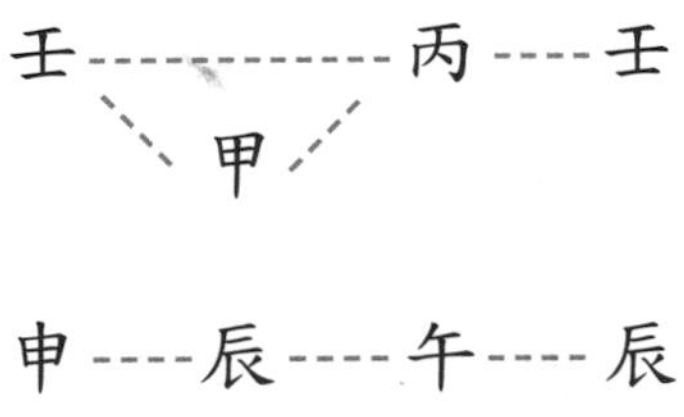

請檢視〈圖十一〉所列出的命局，其天干若不看甲木日主，時干壬水剋月干丙火，年干壬水也剋月干丙火，都是陽剋陽，此命主偏印剋食傷的情形十分嚴重，食傷表示自己的才華智慧，受到嚴重的克制，此命主應該是很容易上當受騙，考試時也容易失常。還好月干及月支都是食傷，食傷透干，食傷的韌性很強。

但是在考慮壬水剋丙火的時候，我們根據五行的道理知道壬水會生甲木、甲木會生丙火，所以若是壬水剋丙火時附近有甲木來幫忙，我們稱之為甲木來通關，有通關則剋的力量減輕。甚至可以視為壬水生甲木、甲木生丙火，聚氣於丙火。

若問有通關時剋的力量是否不會發生？筆者觀察很多案例發現，剋及通關的情事基本上都會發生，若是以此論及流年，剋先發生，隨後通關的力量會作用。以此例而言，有甲木通關，天干丙火不會被剋，命主元神為甲木，本有通關之效。檢視其大運，13至18歲這五年走甲木大運，甲木通關更明顯，丙火食神大起於讀書的時刻，此段時間內聰明才智應能發揮順利，同時有良好聲名。

天干有兩個偏印，偏印很強，因此前文中提到偏印很強的描述就會發生。

地支午火生辰土，雖陰陽沒有對上，仍可視為食傷生財，命主很愛賺錢，而又有財生官的情形，表示有機會任領導職。

以下分述命局中的一些情形，供讀者參考。這些情形，有一些是其他八字命理書中有提及而我再加以印證確認，也有一些是我自己發現印證的。有一點特別要提出，我在研究命理時常常就命盤的十神和我太太討論分析一個人的個性，常常有些我想不通的，因她對人的觀察敏銳且洞悉力強，反而是她分析出來，十分感謝她的貢獻。讀者若有特殊心得，歡迎來信討論。

相生

比劫生食傷

◆【比肩生食神】

- 食神聚氣強旺，氣質靈秀出眾，對美學的感受力極佳，生活品味高。
- 女性容易生小孩，子嗣緣好，小孩健康、傑出。
- 做創作的人，創意十足、靈感多、點子多。
- 從事研究工作的人，思緒清晰、邏輯清楚，研發有成果。
- 文字工作者能寫出雋永、撼動人心、唯美的作品。有名望、名聲好。

◆【劫財生傷官】

- 傷官聚氣強旺，睿智、有傲氣、氣質出眾，對美學的感受力獨特，生活品味極致。
- 女性容易生小孩，子嗣緣好，小孩健康、傑出。
- 做創作的人，創作出劃時代、顛覆傳統、革新前衛的作品。
- 從事研究工作的人，研發獨創新技術。文字工作者擅長批判、獨創見解、新思維的闡述。

食傷生財

◆【食神生偏財】、【傷官生正財】

- 通常表示能以智慧、才能、創意生財賺錢。
- 賺錢欲望強烈，時時想點子賺錢。
- 喜歡玩樂、享受任何美好的事物。
- 男命表示和女性有緣、異性緣好、也是貼心的好情人。

財生官殺

◆【正財生官】

- 官星強，有機會任高官、領導職、具管理長才。
- 女命表示和男性有緣，旺夫、以夫為貴、容貌秀麗端莊、高尚貴氣。
- 男命表示和小孩有緣。
- 人品高尚尊貴，容貌端正、行事守法、思慮嚴謹、乃氣度堂堂之君子。
- 然而，由於過於謹慎小心，考慮過多，容易憂柔寡斷，舉棋不定、擇善固執、不知變通。

◆【偏財生七殺】

- 七殺強旺，工作能力極強，執行力極佳、行事積極、果斷、有魄力。目標確立，使命必達。
- 變態性的要求完美，精神常處高壓力狀態，不易放鬆。
- 容易招小人、意外近身。

官印相生

◆【正官生正印】

• 在大公司或公務部門任職，任官掌權的機運十分順暢。

• 被動型賺錢。

• 正印聚氣，為人心性仁慈、善良、守信用。

• 貴人運強，一輩子均有貴人或長輩的照拂。若是女命則表示夫家疼愛。

◆【七殺生偏印】

• 氣場比正官生正印更為猛爆。工作比較忙碌，壓力也比較大。在大公司或公務部門任職，任官掌權的機運十分順暢。

• 偏印聚氣，為人心性仁慈、善良、守信用。貴人運強，一輩子均有貴人或長輩的照拂。

• 若是女命則表示夫家疼愛。

印生比劫

◆【偏印生比肩】、【正印生劫財】

• 表示命中貴人眾多，一輩子均有貴人或長輩的照拂或領受祖上福德的緣分，例如繼承遺產、承接家族企業、容易賺輕鬆財。

相剋

印剋食傷

◆【偏印剋食神】、【正印剋傷官】

- 才華智慧受到剋制，創作沒靈感、思緒困頓。
- 頭昏昏、腦沈沈，容易上當受騙。
- 考試時也容易失常。
- 情緒低落、鬱悶、甚至憂鬱症。
- 女性方面容易有難產的情形發生，嚴重時沒有子息。

食傷剋官

◆【食神剋七殺】、【傷官剋正官】

- 自我意識強，崇尚自由，不喜歡被限制。喜愛挑戰權威與體制。
- 工作無法長久，容易對工作厭倦、容易和上司起衝突、意見不合。建議工作上，注意跟長官的相處，多溝通協調，和諧共事，莫過強勢。
- 如果是女命，則容易不敬夫君、夫妻關係不和諧。

官殺剋比劫

◆【七殺剋比肩】

- 自我要求高、沒有安全感、人生時時感受壓力。
- 容易有小人、意外近身。
- 易受長官欺壓。
- 精神緊繃壓力大，嚴重者常有恐慌、強迫症、精神分裂症。
- 工作壓力大、工作狂熱、工作過勞。
- 交友不易，朋友少。適時放鬆，降低自我要求，藉由宗教、信仰，提昇心靈的平靜。
- 積極運動釋放壓力，都是對抗七殺的好方法。

◆【正官剋劫財】

- 性格追求完美，熱衷工作，勞心勞力。
- 墨守成規、不知變通。

比劫剋財

◆【比肩剋偏財】、【劫財剋正財】

‧男性對太太、情人標準高，常挑剔、而且容易有控制狂的傾向。妻緣淺薄、相處的機緣較少、晚婚、賺錢欲望不高、物欲低。

‧對錢財不在意、不惜財。花費闊綽、不善理財、容易財進財出、守財不易。

‧不可進行積極性的投資或賭博，容易損財投資失利。可做定期定額基金或房地產投資、花錢消費或多樂捐布施。

財破印

◆【偏財剋偏印】、【正財剋正印】

‧生活、心靈不安定、奔波、變動。

‧常遠行、遷徙、遠走他鄉。

‧無法守承諾、性格詭譎、城府深、讓人猜不透。

第三節

命局四柱看身體健康

我們在幫命主論命時，通常命主也會詢問身體上有哪些要注意的地方，〈圖十五〉列出五行和身體的關係。比如說，命局中如果甲木受剋嚴重，我們可以判斷命主可能肝膽及筋骨容易有問題。

雖然圖中將甲乙分別列出，但請注意，甲木受剋也可能有乙木受剋的病徵，一般解釋是陰陽乃一體兩面。

但是甲木受剋並不表示所有的甲木、乙木相關病徵都會出現，根據筆者經驗，這些是命主好發病狀，有時僅有一種病徵出現，有時同時出現多個病症，也有不同年紀時出現不同病徵等。乃因每個人居住的環境、飲食習慣、接觸的人事，以及遺傳基因不同所造成。

古籍《黃帝內經》一書中，就揭露木、火、土、金、水對應肝、心、脾、肺、腎的道理，這一點和八字命理完全同源。現在的中醫也研讀五行和人體生理的關係，《黃帝內經》是必讀之書。古人在兩千多年前就發現五行對應人體運行的秘密，這是中華文化的瑰寶。

筆者的八字弟子中，有數位執業中醫師和各科別的西醫師，在傳授他們八字論命法的過程中，得到很多他們提供的真實病例來研究，收穫很多。同時多年來幫很多命主論命，也有許多案例印證，讓筆者甚有心得。以下依木、火、土、金、水受剋分別討論。

木受剋

木受剋最常出現的就是肝、膽、筋、骨、免疫力的問題。肝病的種類很多，在此不一一說明，輕微的常常是命主容易疲勞。膽方面出問題，常是膽囊積沙或急性發炎割除。筋、骨出問題，一般很多有五十肩、韌帶拉傷、腰酸背痛等。

免疫力的問題較複雜，常常見到命主很容易感冒，但是複雜的有引起皮膚的問題。有一位在台灣某國立大學任教的教授請筆者論命，他命局金剋木的問題很嚴重，我問他肝、膽、筋、骨、免疫力是否有問題？他嚇一跳，因為他多年來一直有皮膚的問題，看皮膚科怎麼樣也看不好，最後皮膚科醫生請他轉到免疫科去，才發現是免疫力造成的皮膚問題。

另外，好發的還有神經系統、甲狀腺、掉髮、白髮、風濕、痛風等。有一位命主是年輕女子，一直找不到為何自己走路常常摔倒，肌肉一直慢慢無力，到處看醫生也診斷不出原因。原本以為是年輕時出過一次大車禍昏迷好幾個月的後遺症。但我看到他命局有很明顯的庚乙合造成的乙木受剋，同時最近還有一個五年的庚金大運剛過，就建議也去看看神經系統是否有問題。過沒幾個星期，她打電話來道謝，說是去大醫院的神經科掛號，經診斷有罕見疾病，是神經細胞有缺陷，醫生開了殘障手冊，她因此找工作方便，也享受到了該有的社會福利。

火受剋

火受剋主要是眼睛、心臟、小腸等的問題。筆者本身就有火受剋的狀況，發生過黃班部出血、飛蚊症、玻璃體剝離、網膜角落破孔等眼部問題。有些命主有高度近視或弱視的問題。

心臟出問題的病因很多，女性命局有火受剋，很多都有二尖辦脫垂的症狀，不嚴重的就是常有心悸、心律不整、供血弱、手腳冰冷的狀況。心臟無力也常伴有血壓低的問題。小腸出問題是容易拉肚子，有一位親友是發生罕見的小腸癌。另外火受剋好發的還有腦、舌等。

土受剋

土受剋最常見是脾、胃、消化、糖尿，命主命局有土受剋常見是胃不好。也有消化吸收不佳，人很瘦，常常都說自己吃很多但是不會胖。若是命主家族直系長輩有糖尿病，那通常年紀稍長都常會有此疾病，靠運動可以緩解，我遇過命主七歲就因木剋土罹患糖尿病。

其他還有乳腺炎、乳癌、子宮長肌瘤、心肌問題等。二〇一四、二〇一五兩年流年天干甲木、乙木進氣，筆者這邊就有兩位命主得到乳癌，所幸都及早發現治癒。木剋土的女士，往往分娩完後發乳不順，容易乳腺發炎，我這邊也有數個案例。

金受剋

金受剋的常見情形是呼吸道、大腸、皮膚。呼吸系統由鼻、鼻竇、氣管、到肺部。這類的命主常常很容易咳嗽，氣管不好。我見過數個案例在年幼時引發嚴重肺炎幾乎殞命，也有命主年長後才因長期咳嗽被診斷為氣喘。

皮膚的問題種類很多，通常青春期的時候臉上長痘嚴重。如果是發在大腸上面，便秘或腸躁症很常見，引發大腸癌也有案例。其他方面還有牙齒、扁桃腺、帕金森氏症等。

帕金森氏症（Parkinson's disease）常常被認為是一種大腦疾病，但美國加州理工學院微生物學家研究人員在二〇一六年12月《細胞》（*Cell*）雜誌上發表的動物研究顯示，這種常見的神經退化性疾病與腸道裡的微生物變化有關。研究人員由此得出結論，腸道微生物是帕金森氏症的重要推手。腸道菌群的組成變化或者腸道細菌本身的變化，可能促使甚至導致運動機能惡化，而運動機能惡化是帕金森氏症的主要症狀。另一方面，百分之七十五的帕金森氏症患者有腸胃問題，最常見的症狀是便秘。我偶得數個案例命主有帕金森氏症，多年來一直確認患此症的命主命局有火剋金或大運、流年進氣招致火剋金，直到看到此報導才恍然大悟。之前我除了要命主聽醫囑治療外，還會建議去找可信賴中醫師試試洩火扶金的藥方。

水受剋

水受剋主要是膀胱、腎、血液、生殖、泌尿系統。膀胱及腎病不多說，一般大家都知道。血液方面有白血病、骨髓病等。

血管硬化造成的血壓高，乃至中風也要注意。女性方面常有婦科疾病，月事不順、子宮或卵巢易出問題。這邊的子宮出問題和木剋土的子宮長肌瘤不同，有子宮虛寒或內膜出問題。

男性方面生殖系統易出問題，中年以後幾乎攝護腺都會有問題。我遇過一個案例，一位男士來論命前就告知要詢問何時可以再生一個小孩，我觀其命局官星強旺，他太太的命局也沒問題，但是他土剋水嚴重，我詢問是否有去醫院檢查生殖系統，他說診斷是精蟲活動力太弱。但是他在二〇〇五年間妻子有懷胎得子，後來沒避孕太太卻一直沒懷孕。很明顯的就是二〇〇五年間地支申金、酉金幫命局土剋水通關。

另外耳疾也是水受剋的其中一個問題，我有見個一個早年一耳失聰，其他數位輕微重聽者。水受剋的命主常常身體循環差，體質濕，建議多運動促進身體循環。

其他

事實上很多疾病的原因不是單一，比如心臟出問題，水剋火很常見，常是瓣膜、心雜音，或心臟無力等。但是常常看到命局土剋水的命主是心血管出問題，也有木剋土的心肌出狀況。

其他如痛風命主常有木受剋，這聽來很有道理，因為患者是關節不舒服，但有的是土剋水，醫生多說是腎臟代謝不佳造成。

我的一位中醫弟子有次考我試，拿一個命局給我看，先跟我說命主洗腎，端詳命盤多時，只告訴他我怎麼看都是金剋木，檢視大運、流年進氣也未見明顯水受剋。我告訴弟子可能出生或日期時間有誤，需要檢查，沒想他回答命主確實是因為肝病亂吃藥搞壞腎臟才洗腎。

如果我們檢視命盤發現命主有某些五行嚴重受剋，可以囑咐命主要注意那方面的保養，身體檢查一定要對該方面仔細、徹底一點。也可據此建議中醫師開方保養。

甲	木	膽、骨、掉髮、禿	風濕、疲勞、免疫系統、甲狀腺、神經系統	東（青、綠）
乙	木	肝、白髮、筋		
丙	火	小腸（拉肚）、眼	腦、舌、血壓	南（紅、紫）
丁	火	心、供血		
戊	土	胃、肌肉、子宮長瘤	消化、腹、脅、唇、乳腺	中（黃、棕）
己	土	脾、糖尿病		
庚	金	大腸、痔、表皮、痘	鼻、鼻竇、牙齒、扁桃腺、分泌毒素（長痘、疔）	西（白、銀）
辛	金	肺、氣管、皮膚		
壬	水	膀胱	血液、血管、中風、婦女病、子宮、貧血、骨髓、淋巴腺、泌尿及生殖系統、攝護腺	北（黑、藍）
癸	水	腎、耳		

圖15 五行和身體的關係

第四節 命局四柱看心理疾病

中國古代的書籍中對心理疾病的提及，主要體現在醫學、心理學、哲學和文學作品等，例如鬱滯、憂鬱、憂傷、憂思、憂慮、狂躁、恐懼、疑慮、瘋病、狂症、妄想等。古籍《黃帝內經》中有描述，內傷七情「喜、怒、憂、思、悲、恐、驚」，所帶來的情志過度的變化所引起的疾病。在《黃帝內經》中，心理疾病被認為是由於情緒、氣血失調或臟腑功能紊亂所致。

現代的心理疾病的分類，通常使用美國的《精神疾病診斷與統計手冊》（*Diagnostic and Statistical Manual of Mental Disorders*，簡稱 DSM），以及世界衛生組織的國際疾病分類（International Classification of Diseases，簡稱 ICD），有以下的分類：

❖ 焦慮相關疾病：包括恐慌症、社交焦慮症、特定恐懼症、強迫症、創傷後壓力症候群（PTSD）等。

❖ 心境相關疾病：包括抑鬱症、躁鬱症、情感不穩定性人格障礙等。

❖ 思覺失調症譜系疾病：包括思覺失調症（Schizophrenia，舊稱精神分裂症）、妄想症。

❖ 人格障礙：包括避縮性人格障礙、邊緣性人格障礙、反社會人格障礙等。

❖ 神經發展疾病：包括自閉症譜系障礙、注意力缺陷過動症（ADHD）等。

❖ 飲食與進食相關疾病：包括厭食症、暴食症等。

❖ 成癮性疾病：包括藥物成癮、酒精成癮、賭博成癮等。

一般的八字命理書籍對於心理疾病的論述並不多，很多只有提及憂鬱症。大多命理師都知道，印剋食傷會導致憂鬱症，甚至千篇一律地認為，自殺都是印剋食傷導致的。

事實上，八字命理透過命局四柱結構及大運、流年、流月、流日進氣，來判斷一個人的心理、情緒，是十分精準的。由命局中觀察出的五行交互作用，往往無法確認可能會發生的事情，例如一位女性在食傷剋官時，可能在工作上和長官、客戶發生爭執，也可能是和男友或先生的相處發生狀況，也可能是在學業上和老師起衝突。但是這個情緒是一定會有的，也因此會引發一些事情。

一個命局的情緒起伏，是以十神的強、弱及交互作用來判斷，這是筆者觀察數百例案例及自身經驗的心得。基本上分成憂鬱症、躁鬱症、焦慮恐慌症、過動症這四大類，還有一項是因為腦部發育障礙所導致的疾病：亞斯伯格症候群與自閉症。以下分別討論之。

憂鬱症

憂鬱症的引發是「**印剋食傷**」，不論正印剋傷官或偏印剋食神皆有可能。命局中有印剋食傷的個性特徵，在第二節中已經有說明，有一些命主會因此有憂鬱症的困擾。關於憂鬱症的病徵，網路上有很多資料可以查閱，筆者就不多說。本書案例七中主角作家三毛女士，她的命局上並沒有印剋食傷，但是大運庚金進氣時，大剋命局時干甲木，引發憂鬱症，最後甚至自殺，讓喜歡她的讀者唏噓不已。請讀者參看〈卷之五〉第四節的分析。

躁鬱症

躁鬱症也是常有的心理疾病，主要「**食傷星過強**」或是「**食傷剋官**」。這是一種情緒失調的心理疾病，常常被與憂鬱症混淆。在臨床診斷躁鬱症時，並非必須出現憂鬱情緒的發作，但必須有輕躁或躁症發作的症狀。由於輕度躁症發作的症狀較輕微，因此容易被忽視。

筆者有一位八字弟子，她於中國大陸出生，目前旅居加拿大。我和她沒見過面，一直都是利用視訊軟體來授課。剛剛開始教授她八字時，她就說心情常不好，有在看心理醫生，筆者檢視她的命局，見〈圖十六〉，告訴她要注意躁鬱的情緒，她的回答是心理醫師初步判斷為憂鬱症。課程結束大約半年後，有一天她告訴我心理醫生經過快一年的面談，最後確診是躁鬱症（bipolar disorder）。

〈圖十七〉是另一個躁鬱症的案例，此命主是一個從事補教業的人士。進入巳火大運丙申年後不久，忽然告訴家人，他要拿出畢生積蓄數百萬來出唱片，家人勸告也不聽。筆者看了命局後，立即告知他的親友，這是躁鬱症發作，請立即送醫，後來聽說有入院療養。為何巳火大運丙申年會有狀況？讀者讀懂〈卷之五〉後再回來看就會瞭解。

比肩	元神	食神	食神
戊土	戊土	庚金	庚金
午火	寅木	辰土	申金
正印	七殺	比肩	食神

圖 16 躁鬱症命局案例一

食神	元神	劫財	正財
戊土	丙火	丁火	辛金
戊土	寅木	酉金	亥水
食神	偏印	正財	七殺

圖 17 躁鬱症命局案例二

焦慮恐慌症

若是「**官殺星過強**」，一般人會常感壓力很大，有一些人會引發心理疾病。輕者是焦慮症、恐慌症、強迫症，嚴重的是被害妄想症、解離性身分疾患（或多重人格）、思覺失調症等。前幾年台灣有位美女作家輕生，令人覺得可惜，她在自己的臉書上就說明了自己經歷 **PTSD**（創傷後壓力症候群），以及發生解離時的痛苦。

〈圖十八〉是美國數學家約翰・納許（John Nash）的命局，他曾經是麻省理工學院摩爾榮譽講師。一九九四年，他和其他兩位賽局理論學家，共同獲得了諾貝爾經濟學獎。在一九五九年之後，由於出現精神上的症狀，他的研究生涯一度中斷，

七殺	元神	偏財	偏財
庚金	甲木	戊土	戊土
午火	申金	午火	辰土
傷官	七殺	傷官	偏財

圖 18 思覺失調命局案例

在一九五九年及一九六一年，兩度進入醫院療養，被診斷為思覺失調症。如命局顯示，天干地支和七殺星，都被偏財星相生聚氣。二〇一五年5月23日，他和夫人搭乘計程車回家，入行僅兩星期的司機在超車時失控，結果計程車撞上護欄，納許夫婦被拋出車外，兩人當場不治身亡。

據筆者觀察，有一些命主由於命局排列特殊，有可能會有多重精神疾病，如〈圖十九〉。此為筆者的一位長輩，命局天干甲木剋戊土，正印剋傷官，被醫師診斷出有憂鬱症。但是癸水剋丁火的思覺失調的情形，她的心理醫生並沒有診斷出來，但是很明顯他有兩個性格，不定期會進入不同的狀況。筆者因為是其親友，觀察得很清楚。

傷官	元神	七殺	正印
戊土	丁火	癸水	甲木
申金	酉金	酉金	申金
正財	偏財	偏財	正財

圖19 思覺失調及憂鬱症命局案例

過動症

過動症也稱為注意力不足症，主要是命局中「財星過強」，如果有「財破印」，那更是嚴重，多半在求學階段會被發現。主要的問題表現在三個層面：注意力不易集中、活動量過多、行為衝動。

過動症很容易和躁鬱症混為一談，因為都是小朋友坐不住、無法專注。但是躁鬱症主要是小朋友對所學不感興趣、老師的教學無法吸引他，或是本身心理上抗拒老師。若是讓他學習有興趣的東西，或是他心中能接受老師的教學，坐不住或不專注的問題，往往就可以消失。

偏印	元神	傷官	比肩
己土	辛金	壬水	辛金
丑土	卯木	辰土	卯木
偏印	偏財	正印	偏財

圖20 過動症命局案例一

過動症是給什麼都無法專注，八字命理中的「財星」就是代表動的能量，所以財星過強或是有財破印的狀況，就很容易有過動的情形。〈圖二〇〉、〈圖二十一〉是兩個過動兒的命局（這是由醫師提供的案例），〈圖二〇〉的命局地支有嚴重的財破印。〈圖二十一〉則是天干傷官生正財聚氣，地支的酉金食神聚氣也很強，多半合併有躁症的情緒。

食神	元神	傷官	正財
辛金	己土	庚金	壬水
未土	酉金	戌土	辰土
比肩	食神	劫財	劫財

圖 21　過動症命局案例二

亞斯伯格症候群、自閉症

目前醫學研究已經證明，自閉症（autism）是一種腦部發育障礙所導致的為疾病，又稱孤獨症。家長一般會在自閉症孩童兩到三歲時注意到其狀況，讀者可以在維基百科中查閱到相關的資料。一般而言，嚴重的稱為自閉症，較為輕微的是亞斯伯格症候群。關於亞斯伯格症候群的定義，是否與高功能自閉症相同，有各種不同的說法。有部分人把亞斯伯格症候群與高功能自閉症（沒有智能障礙，或可說幾乎沒有自閉症）視為相同。也有人認為，亞斯伯格症候群是不論智能障礙與否，專指沒有語言障礙的自閉症，所以說法各有不同。

正官	元神	正印	正印
壬水	丁火	甲木	甲木
子水	亥水	戊土	申金
七殺	正官	傷官	正財

圖22 亞斯伯格症候群命局案例一

根據筆者蒐羅到的案例，發現這些命局中觀察到的現象，和維基百科中所言是因為幼年期腦部發育障礙所導致的疾病，是相互符合的。根據生理疾病的八字論述，腦部的疾病，很多是水剋火所引發的。筆者先是在網路上找到數個自閉症的案例，發現都有明顯在命局的水剋火，後又接受委託，詢問一些行為有異於常人的命局中發現類似的情形，其中還有自己的親友。

〈圖二十二〉命局的命主是其親友來詢問的，一開始委託者並沒有說明命主有亞斯伯格症候群，直接要筆者論命。這個命局看十神，天干正官正印相生、地支正財正官相生，多半是個很聽話、守規矩、知書達禮的乖孩子，但是沒想委託者卻敘述了他的一些奇怪行為。一開始筆者認為可能是出生時間不對，或是媽媽生產時破水很久才生出來，如此出生時辰可能是上一個或上上一個時辰。但是命主的媽媽表示沒有，而且時辰往前，也不至有不好的個性（如食傷剋官等）。後來筆者以為是父母期望太高，有一點不滿意就認為行為異常，因為我們對個性描述的形容詞是很抽象的。但是詢問了一些細節，確實是有很奇怪的言行，後來筆者思索一陣子說，「我覺得唯一的可能是他有亞斯伯格症候群」。媽媽立即說他已經亞斯伯格症候群確診。這個命局天干有壬丁合，地支戌土生申金、申金生亥水，聚氣在水。

下一個案例如〈圖二十三〉所示，命局地支就有子水剋午火，家人百思不解其異常行為，但並沒有去看過心理醫生，觀其行為確實是亞斯伯格症候群。筆者請家人帶其看心理醫生，並請告知他們要體諒孩子的狀況，家人因此有所釋懷。

解決方式

看到這裡，很多讀者可能膽戰心驚，比如很多人命局有水剋火，那不是會有亞斯伯格症候群或自閉症？官殺星強的人也不少，都會思覺思調？

事實上，根據筆者的經驗，命局中有徵兆未必一定會引發心理疾病，如筆者本身天干傷官聚氣，目前還未有躁症導致的異常行為，這和日常生活的情況、工作型

偏財	元神	正財	偏財
庚金	丙火	辛金	庚金
子水	戊土	巳火	午火
正官	食神	比肩	劫財

圖23 亞斯伯格症候群命局案例二

態、家庭狀況、遺傳基因有關。但是如果有明顯的病症，則命局中一定看的到。如果是大運、流年、流月的作用造成的，往往是持續一段時間後就會過去。我們也觀察到確實和遺傳基因有關連，比如筆者的親友中就有個家庭，有多位成員都因為心理疾病需要入院療養，但是罹患心理疾病的種類各不相同。似乎是因為命局或是大運、流年、流月的作用造成心理衝擊時，該家庭的成員都很難調適，最終都有較嚴重的異常行為。

如果有嚴重的心理疾病，當然應該要聽醫囑治療，西醫對心理疾病的診治有專門的方式。但是筆者認為若是病症不重或是於期初，我們觀察命主的命盤可能有狀況時，我們可以採用一些方式來調整或預防，以下和讀者分享之。

印剋食傷的時候，我們要鼓勵命主多出門走走，找朋友詢聊、多運動，出外踏青、旅遊。多年前一個命主找筆者論命，她命局中印剋食傷十分嚴重，筆者詢問她是否常覺得心情憂鬱或情緒低落，她竟然說沒感覺。後來發現她的工作是健身教練，她說還好她的工作就是運動，否則她很難調適心情。筆者的命主中，有數位受到憂鬱症的困擾，我持續鼓勵他們慢跑運動，有幾位會常常在社群網站上公布參加馬拉松活動的照片，看到她們燦爛的笑容，就知道已經擺脫憂鬱症的困擾了。

如果命主因為食傷星過強或食傷剋官導致躁症上身，我們請他除了讀書及工作外，還要積極培養興趣，用以自娛。如果這時候還強迫命主做他不喜歡做的事，恐怕會更嚴重。

在命主因為官殺星過重，導致有恐慌、焦慮甚或解離的狀況，我們可以建議命主捐血過運，用積極的運動來折磨、磨練自己，剛好散去官殺星的氣場，但是運動時要注意安全。過動症的小朋友大概可以藉由多運動來消耗多餘的精力，穩定精神。

各種心理疾病幾乎都可以用運動來化解，這是因為運動可以促進血清素（serotonin）、正腎上腺素（norepinephrine）、多巴胺（dopamine）的釋放，這些化學物質在調節情緒、注意力、壓力反應、動機和快樂感等方面，都發揮了重要作用。因此運動被視為一種自然的心理健康促進方法，有助於改善情緒和心理狀態。反之，如果是用藥物來增加這些物質在體內的濃度，就會有各種的副作用。

透過八字命理，我們可以知道自己或他人在不同時期的心理狀態之波瀾起伏，可以預先有心理準備。比如小朋友在某期間有過動的狀態，那家長為何一定要他天天坐在書桌前讀書呢？記得多年前，有位家長拿自己一個孩子的命局來論命，孩子從小就很聽話、好讀書、當班長，但是卻突然變得不愛讀書了，整天吵著要休學去當電競選手，這當然很不符合父母的期待。但是我們看這位小朋友的命局，是因為一個五年的大運引發財星破印星的運勢所造成。在這當頭小朋友很難聽勸，我告知其父母我看到的起伏，父母就釋懷了。如果這爸媽要強硬規範孩子，結果一定是在父母和孩子間築起高牆，而且可能永遠跨不過去。

面對亞斯伯格症候群的親友，他們因為幼時腦細胞的發育異常，在人際互動及語言溝通上，和一般人不同。親友除了尋求心理醫生的治療，也要給予體諒、理解，這是很重要的。

結論

八字命理術，因五行生、剋、合的複雜，可以在少少八個字裡頭，顯示很多天機，在此實在難以一一說明。讀者若想進一步掌握，最好的方法就是將親友等自己熟識人的命局都排出來，再根據本書的方法一一印證及思考，如果大多數情形都很有解釋的心得，則批命的功力，已經比大多數擺攤及開館的傳統命理派命理師強很多了。

事實上，大運、流年、流月等進氣有時也會影響對一個人特性的判斷。例如說有一說法是，男命命局若無財星，則很容易晚婚，或是結婚後易離婚。但我們能很輕易地舉出例外，這就是只參看命盤，而無考慮到大運、流年、流月等進氣的影響。

男命如果命局無財星，但到適婚年齡時，大運、流年的天干地支和命局四柱作用的結果，造成財星順暢，還是可能婚姻順利。所以讀者於研究案例時，不妨嘗試將大運的作用也考慮進去，方法為行至大運作用的時間時，於命局四柱旁多加一柱大運的干支。以下我們批命也考慮到大運力量的作用。茲列出數例筆者批命的結果，請讀者仔細研讀。

第五節 個案研究

本節中我們舉出一些個案，同時附上筆者的批命結果。

【案例A】

以下內容為〈圖二十四〉★男命的批命結果：首先要先分開考慮天干或地支的生、剋、合化關係。有透干的情形也要注意。

此命局一眼就可以看到食神強旺，天干庚金有戊土來生、地支申金食神為月令且有戊土來生，所以食神強旺毫無疑問。本命主是台灣很有名氣的盆栽藝術家和藝術收藏仲介者，對美學有精準獨到的見解。第二點是根據月干庚金生年干癸水得出，當然，若是庚金生壬水財星會更強。

★前文已說明過時干、日主及月干之關係，因編排之故，後面之命局仍採三者併排之方式。

案例A
男命

七殺	元神	食神	正財
甲木	戊土	庚金	癸水
寅木	戊土	申金	卯木
七殺	比肩	食神	正官

76	66	56	46	36	26	16	6
壬	癸	甲	乙	丙	丁	戊	己
子	丑	寅	卯	辰	巳	午	未
偏財	正財	七殺	正官	偏印	正印	比肩	劫財
正財	劫財	七殺	正官	比肩	偏印	正印	劫財

圖24 命局案例（A）

第三點是天干地支都呈現食神剋七殺的格局，七殺是被剋的。然而，每逢乙之大運、流年及流月，會造成庚金合乙木，雖然乙木受傷，但是月干庚金會被牽制，本來時干甲木是靠月干庚金來壓制，但是庚金被牽制時，時干甲木會暴起。另外壬水會替時干甲木及月干庚金通關，也會造成時干甲木變強。

第四點是年支卯木於地支無其他陰的地支相生或相剋。注意，卯戌合對於卯木無傷。第五點至第九點，是根據此命局來分析在不同的大運、流年、流月干支進氣時的運勢。讀者請在閱讀完卷之五第三節後再來細讀。

第十點，因為命局金剋木嚴重，所以提醒命主木方面的保養。第十一點，幸運顏色方面，紅、紫為印星可消七殺透干的暴戾之氣，藍、黑色財星可以為食神剋七殺作通關的效果。

案例A分析

先生戊生申月食神格。這是才智極高、極富創意、才華洋溢的命局。

❶ 天干戊土生庚金，地支戌土生申金，食神聚氣強旺而且透干，才華洋溢，有藝術家的氣質，建議從事以言說、智慧、創意的行業，必可順遂，出人頭地。同時口才好，有口福，對食物鑑賞力高。

❷ 天干庚金生癸水，食傷生財，能靠自己才華生財賺錢。通常藝術家命格的人，最怕有才無財，這庚金生癸水是整個命局中精彩的部分，也代表命主於人生中除藝術方面，於財富方面亦能有成就。食傷生正財也代表對妻子疼惜，是顧家好男人。

❸ 天干戊土生庚金剋甲木，地支戌土生申金剋寅木，天干地支都呈現嚴峻的食神剋七殺的情形。自我意識強，十分有主見，會挑戰權威與體制，容易對工作厭倦。喜歡革新、創新，推翻陳舊思維，獨創見解，開創新格局。建議工作上，注意跟長官的相處，多溝通協調，和諧共事，莫過強勢。

❹ 地支卯木正官安坐，正官代表人品高尚尊貴，容貌端正大器，乃氣度堂堂之君子。行事守法、思慮嚴謹，具管理長才。

❺ 天干走丙火、丁火，地支走巳火、午火的大運、流年、流月，此時印星降臨，印

星表示貴人、長輩，這段時間有貴人或長輩的照拂。雖然印星會壓制食神才華的發揮，但是印星是一種福氣，也會轉化成錢財。

❻ 天干走辛金、壬水，地支走亥水的大運、流年、流月，此時食傷生財之運勢起，能靠自己才華及創意生財賺錢。

❼ 天干走甲木、乙木、壬水，地支走寅木、亥水的大運、流年、流月，要注意提防小人、壓力、意外近身、長官欺壓、官訟及身體不適，每逢此時請貴人護衛、積極運動，或多穿戴紅色衣物飾品或捐血過運，可化險為夷。

❽ 天干走戊土、庚金，地支走辰土、戌土、申金、酉金的大運、流年、流月，此時食傷剋官，個性會挑戰權威，容易對工作厭倦，自我意識高漲。建議工作上，注意跟長官的相處，多溝通協調，和諧共事，莫過強勢。

❾ 天干走己土的大運、流年、流月，要注意不可進行積極性的投資，以免損財。建議此時可做定期定額基金或房地產投資、花錢消費或樂捐布施過運。同時，注意與女友、太太的相處，勿強勢，多體諒。

❿ 身體方面要注意木（肝、膽、骨、筋、免疫力、神經等）方面的保養。

⓫ 幸運色：紅、紫（貴人運）；藍、黑色（財運）。

案例B
女命

食神	元神	偏印	正官
己土	丁火	乙木	壬水
酉金	丑土	巳火	辰土
偏財	食神	劫財	傷官

75	65	55	45	35	25	15	5
丁	戊	己	庚	辛	壬	癸	甲
酉	戌	亥	子	丑	寅	卯	辰
比肩	傷官	食神	正財	偏財	正官	七殺	正印
偏財	傷官	正官	七殺	食神	正印	偏印	傷官

圖25 命局案例（B）

〈圖二十五〉為案例B女命，本命主是在我挑選的吉時出生的。因為是親友的小孩，所以可以就近觀察驗證運程走向。命局順生無剋，自然身體健康少生病，個性溫和平穩，人見人愛。第一點乃是命局天干壬水生乙木。第二點很明顯命局中有三個食傷星的論述。第三點中提及女性正官出天干容貌端正，是筆者觀察很多女性命局之心得。第四點讀者應該已經熟嫻於心。第五點至第七點，是根據此命局來分析在不同的大運、流年、流月干支進氣時的運勢。讀者請在閱讀完卷之五第三節後再來細讀。因為命局順生，所以沒有特別叮囑身體狀況或幸運顏色。

案例B分析

本命主丁生巳月劫財格。命局通盤相生，五行協調，為難得一見的好命局。

1. 天干壬水生乙木，頗有官印相生之勢，於外可掌權，於內受夫君婆家的疼愛。印星聚氣強旺，一輩子均有貴人、長輩的照拂，或得祖上福蔭的緣分。
2. 天干乙木生丁火再生己土，食神聚氣強，又丑土食神安坐地支，食神極其強旺，另外，地支巳火生辰土，傷官勢強，食神、傷官齊備，聰明慧黠，才華洋溢，氣質靈秀出眾，有藝術家的氣質。學習樂器、繪畫等相關藝術或體育運動多有成就，宜鼓勵之，不需父母叮促也會有興趣自娛。傷官又兼具開創革新的特質，有大刀破斧改革的氣魄，實屬難得。

❸ 壬水正官出天干，容貌端正貴氣，行事端正守法，有大家風範。

❹ 地支丑土生酉金，陰生陰全無阻礙，食傷生財強旺，能靠自己才華生財賺錢。自行創業或於官署任高職皆可，唯才華不淺，建議還是從事以言說、智慧、創意、設計、規劃的行業，必可順遂，出人頭地。

❺ 天干走甲木、癸水的大運、流年、流月，此時官印相生之運勢起，有機會賺進輕鬆錢財、升官掌權、拿文憑、購置不動產或接引貴人的扶助。

❻ 天干走辛金，地支走丑土、未土、申金、酉金的大運、流年、流月，此時食傷生財之運更強旺，能靠自己才華及創意生財賺錢。

❼ 天干走丁火、己土，地支走巳火、午火、丑土、未土、辰土、戌土的大運、流年、流月，此時走才智、開創、揚名之運，多做創意發想，創作有靈感。

案例C
女命

正印	元神	正財	正官
辛金	壬水	丁火	己土
亥水	午火	卯木	卯木
比肩	正財	傷官	傷官

72	62	52	42	32	22	12	2
乙	甲	癸	壬	辛	庚	己	戊
亥	戌	酉	申	未	午	巳	辰
傷官	食神	劫財	比肩	正印	偏印	正官	七殺
比肩	七殺	正印	偏印	正官	正財	偏印	七殺

圖26 命局案例（C）

〈圖二十六〉為女命，這是一個令人讚嘆的好命局。命局走得順的孩子，個性平穩，運程平順，少有波瀾。此命例於天干出現壬丁合化，丁卯的丁火化為乙木傷官。合化出來的乙木傷官不會剋己土正官，只是純粹展現傷官特質。所以，天干以官印相生來論，從小就一直當班長、社團社長，因為管理能力不錯，常被賦予責任統籌校內大型活動。深受老師、長輩的疼愛，處處有貴人照拂。地支以傷官生正財來論，人緣很好，受同學喜愛，有很多的追隨者。由於有食傷生財的特質，每每幫社團募款，拉廣告贊助，總是拔得頭籌，幫社團賺不少錢。將來，學業完成進入職場工作，是可以選擇靠自己的才華創意賺錢的行業。第五點至第八點，是根據此命局來分析在不同的大運、流年、流月干支進氣時的運勢。讀者請在閱讀完〈卷之五〉第三節後再來細讀。

本命主壬生卯月傷官格，命局通盤相生，是難得一見的好命局。這是才智高、有開創格局、秀麗端正、具管理長才、有任官掌權之機緣，而且能靠自己的才華創意生財賺錢的命局。

❶ 天干受壬丁合化作用，丁卯的丁火轉化為乙木傷官，又雙卯木傷官聯袂安坐地支，傷官強旺。傷官乃才智、藝術之星，思考敏捷，邏輯清楚。才華洋溢，有藝術家的氣質，學習樂器或繪畫等相關藝術或運動多有成就。氣質靈秀出眾，對美學的感受力極佳，生活品味高。同時口才好，有口福，對食物鑑賞力高。傷官星又主創新，在工作及思想上有大刀闊斧改革的魄力，擁有此等才華非易事，請好好把握。建議從事以言說、智慧、創意、設計、規劃的行業，必可順遂。

❷ 命局最亮點在天干己土生辛金，正官生正印強旺。適合在大公司或公務部門任職，任官掌權的機運十分順暢。己土正官高掛，正官代表貴氣和好教養，容貌秀麗端正，行誼舉止有大家風範，擔任管理職也是人生中會有的機緣。又正印聚氣，為人心性仁慈、善良、守信用。印星也表示貴人、長輩，一輩子均有貴人、長輩的照拂，或得祖上福蔭的緣分。對宗教、五術（山、醫、命、相、卜）有深厚的學習機緣。

❸ 地支亮點在雙卯木生午火，傷官生正財十分強旺。典型能靠自己才華創意生財賺錢。

❹ 天干壬水日主，和地支亥水比肩安坐無傷，比肩屬強。代表有自我想法，主觀意識強，不受外在影響，而且自我省思能力強，聰明才智高。

❺ 天干走乙木、丁火、己土、辛金的大運、流年、流月，此時官印相生之運更強旺，有機會賺進輕鬆錢財、升官掌權、拿文憑、購置不動產或接引貴人的扶助。

❻ 天干走乙木，地支走卯木、午火的大運、流年、流月，此時食傷生財之運更強旺，能靠自己才華及創意生財賺錢。

❼ 天干走戊土、地支走辰土、戌土的大運、流年、流月，要注意提防小人、壓力、意外近身、長官欺壓、官訟及身體不適，每逢此時請貴人（母親）護衛、積極運動、多穿戴白、銀色衣物飾品或捐血過運，可化險為夷。同時，要注意身體上水（膀胱、腎、血液、血壓、泌尿系統等）等方面的保養。

❽ 天干走壬水、癸水的大運、流年、流月，要注意不可進行積極性的投資，以免損財。建議此時可做定期定額基金或房地產投資、花錢消費或樂捐布施過運。

案例D
男命

比肩	元神	正印	傷官
甲木	甲木	癸水	丁火
戊土	戊土	卯木	丑土
偏財	偏財	劫財	正財

80	70	60	50	40	30	20	10
乙	丙	丁	戊	己	庚	辛	壬
未	申	酉	戌	亥	子	丑	寅
劫財	食神	傷官	偏財	正財	七殺	正官	偏印
正財	七殺	正官	偏財	偏印	正印	正財	比肩

圖27 命局案例（D）

〈圖二十七〉是案例D男命，這是一個有趣的命局。初看本命，可以直接看出癸水剋丁火，正印剋傷官，和卯木剋丑土，劫財剋正財這兩個弱點。然而，再仔細研究，天干雙甲木生助丁火，陽木生陰火還是有力，所以癸水無法剋盡丁火，仍保留部分傷官的特質。地支卯戌合化，卯木和戌土綁在一起，所以卯木剋不了丑土，正財受剋不嚴重。命局的兩個弱點巧妙的得到補強與平衡。又卯戌合化火作用，戌土化為巳火食神，所以，此命主食神、傷官的特質都有，他喜歡運動，尤其熱中騎自行車。常常跟著車隊挑戰尖石、宇老、北橫、羅馬公路之大滿貫行程，北高五二〇，東西進武嶺，日行百里，樂此不疲。由於，命中無官星，自我管理能力差，對高中學程科目不感興趣，就隨性放空三年，以致畢業時，學分不足拿不到文憑。然而，對自己喜歡的興趣，卻能投諸滿腔的熱情研究，高中三年不讀書卻瘋狂看電影，研究電影製作，嘗試創作劇本，最後以同等學歷考上電影系。

第五點至第九點，是根據此命局來分析在不同的大運、流年、流月干支進氣時的運勢。讀者請在閱讀完卷之五第三節後再來細讀。此命局要注意庚金大運、流年、流月進氣，日主甲木單吊，無壬水偏印保護，或丙火食神抵抗七殺，極怕庚金七殺剋甲木元神。或是寅木大運（15至20歲）碰丙申流年申金進氣（二〇一五年8月至二〇一七年5月），申金剋寅木之七殺攻身的氣場。每逢此氣場，本命主不是感冒、免疫力下降，就是跌倒、摔車、骨折、筋骨挫傷。

本命主甲生卯月劫財格，這是聰明有才，又得貴人扶持的命局。

❶ 天干癸水正印高掛，為人心性仁慈、善良、守信用。印星也表示貴人、長輩，一輩子均有貴人、長輩的照拂，或得祖上福蔭的緣分。對宗教、五術（山、醫、命、相、卜）有深厚的學習機緣。

❷ 天干雖然癸水剋丁火，但是幸有雙甲木來生助丁火，丁火傷官尚留五成力量。地支受卯戌合化作用，戌土部分化為巳火食神，食神、傷官的特質齊備。食神、傷官乃才智、藝術之星，思考敏捷，邏輯清楚，創意點子多。學習樂器或繪畫等相關藝術或運動多有成就。傷官星又主創新，喜新革舊，有開創格局。建議從事以言說、智慧、創意、設計、規劃的行業，必可順遂。

❸ 地支戌土偏財、丑土正財安坐，財運不錯。

❹ 天干雙甲木比肩高掛無傷，和卯木劫財安坐月令，比劫屬強。代表有自我想法，主觀意識強，不受外在影響，而且自我省思能力強，聰明才智高。

❺ 天干走辛金的大運、流年、流月，此時官印相生之運勢起，有機會賺進輕鬆錢財、升官掌權、拿文憑、購置不動產或接引貴人的扶助。

❻ 地支走巳火、午火的大運、流年、流月，此時食傷生財之運勢起，能靠自己才華及創意生財賺錢。

❼ 天干走庚金，地支走申金的大運、流年、流月，要注意提防小人、壓力、意外近身、長官欺壓、官訟及身體不適，每逢此時請貴人（母親）護衛、積極運動、多穿戴藍、黑色衣物飾品或捐血過運，可化險為夷。

❽ 天干走癸水、辛金的大運、流年、流月，此時加重正印剋傷官的情形，容易有以下之情事：財源不暢、不喜運動、才華顯露受壓抑、憂鬱、上當受騙、判斷錯誤、行事挫折等。建議心情煩悶時，多找朋友詢聊，到戶外踏青曬太陽。

❾ 地支走寅木、卯木、子水的大運、流年、流月，要注意不可進行積極性的投資，以免損財。建議此時可做定期定額基金或房地產投資、花錢消費或樂捐布施過運。同時，注意與女友、太太的相處，勿強勢，多體諒。

❿ 身體上注意火（小腸、眼、心、腦、舌）和土（胃、消化、肌肉、脾、糖尿病）等方面的保養。

⓫ 幸運顏色：綠色（才智運）；紅、紫色（財運）。

案例E
女命

傷官	元神	七殺	劫財
癸水	庚金	丙火	辛金
未土	申金	申金	巳火
正印	比肩	比肩	七殺

圖28 命局案例（E）

〈圖二十八〉為一個罕見的案例（女命），因天干的丙辛合造成丙化壬水食神，地支申巳合造成巳化亥水食神。因為丙及巳都化，所以不能以丙及巳受傷來論，事實上，根據數年觀察此命主，並沒有丙及巳受傷的情形發生。反而因為丙及巳都化成食神，命主頗有藝術天分，在作文、繪畫和書法等領域都有才華。此命主已於二〇二三年6月，自大學設計系畢業，就學期間，多次獲得校內及國際上的設計大獎。

但此命要注意天干有甲木或乙木的進氣，此時月干丙火會顯現出來，容易遭惹小人、意外或是出現五行金方面的病兆。事實上，命主於甲木的月分常常會咳嗽不止，有一次騎車跌倒後，傷口才剛要復原結痂，又忽然跌倒，傷痂又翻開，造成大疤痕。二〇二三年之甲寅月命局丙火及巳火，均變回七殺，發生重大事件。

下一章我們將開始討論如何根據流年及流月的進氣，判斷不同時間一個人的命運。讀者開始閱讀前，請先將基礎打好，首先去收集最少二十位親友或熟知名人的生辰，排成八字命盤，仔細研究其個性、行業、行事風格。如果有不可解釋的部分，請看看出生時辰是否有誤。如果無法順暢地分析，那得先將我們前文五行的生剋合相互關係搞清楚，待都能靈活解釋了，才有資格進一步研究流年及流月的命運判斷法。

卷之五

科學的八字論命法

【大運流年流月篇】

前一章中我們討論如何利用命局四柱來論定一個人的特性，也提及考慮大運干支，來論斷一個人於大運作用下的運勢。

實際上運勢是隨著大自然中的氣場改變，其氣場每年不同，年中每月隨著節氣改變，於是流月的氣也不同，事實上，每天也有流日的氣場作用。這三者的氣作用較持久，也較強，所以當我們要推論一個人的運勢，會優先考慮大運、流年、流月的氣場。要推論一年間的運勢，要參看命局四柱、大運、流年；要推論某月的運勢要參看命局四柱、大運、流年、流月；要推論某日的運勢要參看命局四柱、大運、流年、流月、流日。

根據我個人的經驗，只靠命局四柱、大運、流年推出某年的運勢，是不夠用的。因為需要命理諮詢的朋友，常常都需要根據流月的起迄點來判斷一些事情的原由及起迄。

茲舉一例來作說明，有一位曾於台灣知名高科技公司任職的先生，因某些原因離職，面對所謂中年危機，希望自行創業。如果我們希望能以命理幫助他度過難關，首先就得讓他充分相信我們所掌握的論命法是正確的。

因此以我的經驗，要先直指出他問題的原由及相關時間點，然後這些朋友才會願意來接受諮詢。既然是中年危機，那就是談失業的應事。當時他發email來詢問，我回了一封短信，茲節錄我部分回信內文：

二〇〇七年底至二〇〇九年6月有一波財星降臨地支，地支食神剋七殺被財星通關，所以可以很容忍地迎接這筆好的工作運。二〇〇九年6月子水走完，食神剋七殺開始作用，8、9月很嚴重，會想離職。一直到二〇一〇年3月庚金食神進氣，此時和長官有爭鬥或類似的情形，因此會離職。

結果這位先生立即回信，希望能與我面談。我於數日後的會面中充分與他討論，並指點他面對中年危機及創業時該有的心理準備及策略，他頗感滿意，也決定勇敢面對未來。

上段文字中，都是以月分當成應事起迄點的時間單位，這位先生當日說我回信內的分析時間點十分準確。所以我建議，最少一定要能很輕鬆地論斷到流月，才能出師幫人解決問題。讀者研讀完本章中對〈卷之二〉案例的解釋，一定會了解，命理若未論斷到流月實在無法精準斷事。

第一節　流年的進氣

關於大運進氣的起迄時間點，已於〈卷之三〉第四節中說明過，本節我們要來介紹流年的進氣。關於流年的進氣有很多說法：有的說國曆1月1日開始進氣，國曆12月31日終氣；有說每年立春開始進氣，下一年的立春終氣；有說前半年走該年流年天干的氣，後半年走該年地支的氣。

基本上天干或地支的氣是分開走的，會從當年或前一年流月中出現該氣時開始走，逢到該氣被剋或沖的時候結束，所以可能走一段或兩段。請參考〈圖二十九〉及★〈圖三〇〉。

節氣	立春	驚蟄	清明	立夏	芒種	小暑	立秋	白露	寒露	立冬	大雪	小寒
月分	寅月	卯月	辰月	巳月	午月	未月	申月	酉月	戌月	亥月	子月	丑月
國曆開始日期	2/4	3/5	4/5	5/5	6/5	7/7	8/8	9/8	10/8	11/7	12/7	1/5
甲年	甲癸	甲癸	甲癸	甲癸	甲				甲	甲乙	甲乙	甲乙
乙年	甲乙	甲乙	甲乙	乙				乙	乙丙	乙丙	乙丙	乙丙
丙年	乙丙	乙丙	丙				丙	丙	丙	丙	丙	丙
丁年	丙					丁	丁	丁	丁	丁	丁	丁
戊年					戊	戊	戊	戊	戊	戊	戊	
己年				己	己	己	己	己	己	己		
庚年			庚	庚	庚	庚	庚	庚	庚			
辛年		辛	辛	辛	辛	辛	辛	辛				辛
壬年	辛壬	辛壬	辛壬	辛壬	辛壬	辛壬	壬				壬	癸壬
癸年	癸壬	癸壬	癸壬	癸壬	癸壬	癸				癸	甲癸	甲癸

圖29 流年天干進氣表

★感謝命理前輩對流年進氣的研究，本人只是將各式進氣加以印證，同時將正確的進氣製表方便查閱使用。

舉例而言二〇一二年壬辰年，此年流年天干壬水的氣，查〈圖二十九〉是由該年立春開始，到該年白露節氣開始時終氣（寅月至申月，共7個月）。但於該年大雪時又起，於隔年小暑節氣開始時又終氣（子月至隔年午月，共7個月）。

查表同時可知道，壬年的立春開始到立秋開始這段時間（寅月至未月，共6個月），流年天干的氣是辛金、壬水「並氣」，所謂並氣是指兩種氣同時存在及作用。至於二〇一二年壬辰年流年地支進氣，為辰土的氣，由清明走到立冬開始時終氣（辰月至戌月，共7個月）。

流年的氣於某些時刻也可能會是完全「空氣」的，所謂流年空氣是指完全沒有流年氣的作用。比如說，二〇一〇年庚寅年亥月至丑月，完全沒有流年的進氣，此時只要參看大運及流月的進氣即可。

節氣	立春	驚蟄	清明	立夏	芒種	小暑	立秋	白露	寒露	立冬	大雪	小寒
月分	寅月	卯月	辰月	巳月	午月	未月	申月	酉月	戌月	亥月	子月	丑月
國曆開始日期	2/4	3/5	4/5	5/5	6/5	7/7	8/8	9/8	10/8	11/7	12/7	1/5
子年	子亥	子亥	子亥	子亥	子亥	子亥					子	子丑
丑年	子丑	子丑	子丑	子丑	子丑	子丑						丑
寅年	丑寅	丑寅	丑寅	丑寅	丑寅	丑寅	寅					
卯年		卯	卯	卯	卯	卯	卯	卯				
辰年			辰	辰	辰	辰	辰	辰	辰			
巳年				巳	巳	巳	巳	巳	巳	巳		
午年					午	午	午	午	午	午	午	
未年						未	未申	未申	未申	未申	未申	未申
申年	申	申	申	申			申	申酉	申酉	申酉	申酉	申酉
酉年	申酉	申酉	申酉	申酉	酉			酉	酉戌	酉戌	酉戌	酉戌
戌年	酉戌	酉戌	酉戌	酉	酉				戌	戌亥	戌亥	戌亥
亥年	戌亥	戌亥	戌亥	亥	亥	亥				亥	子亥	子亥

圖30 流年地支進氣表

第二節 如何將大運、流年、流月的進氣和命局四柱一起分析

如果要分析一個人於某個月分的運勢或會發生的應事，就要將命主的四柱、大運、流年、流月放在一起，綜合判斷。以下說明綜合判斷的基本大要：

1. 天干、地支分開來看。
2. 首先看大運、流年、流月的干支是否有發生合化。互相合化的干支，會失去部分和其他干支互動的能力。
3. 接著看大運、流年、流月是否和命局四柱有合化的情形。合化造成命局四柱部分干支被牽制，可以用來判斷相關應事。
4. 接著觀察大運、流年、流月彼此是否有相剋或相生，如果有相剋，要檢驗命局四柱可否來通關。
5. 最後觀察大運、流年、流月是否有和命局四柱相剋或相生，若有相剋，要確認命局四柱是否有能來通關之干支。

以〈圖三十一〉的命局為範例，命局本身沒有發生官星剋比劫的狀況，但是逢到乙木七殺的大運、流年、流月，有可能發生嚴重的七殺剋比肩的應事。

偏財	元神	比肩	偏財
癸水	己土	己土	癸水
酉金	酉金	未土	丑土
食神	食神	比肩	比肩

圖31 命局範例

	Ⓐ	Ⓑ	Ⓒ
大運	乙 七殺	乙 七殺	乙 七殺
流年	壬 正財 癸 偏財	丁 偏印	丁 偏印
	卯 七殺	亥 正財	
流月	乙 七殺	丁 偏印	戊 劫財
	卯 七殺	未 比肩	申 傷官

圖32 大運、流年、流月範例★

★ 此圖中的大運流年組合乃是為方便說明而造出，非本命主實際遇到的情況。

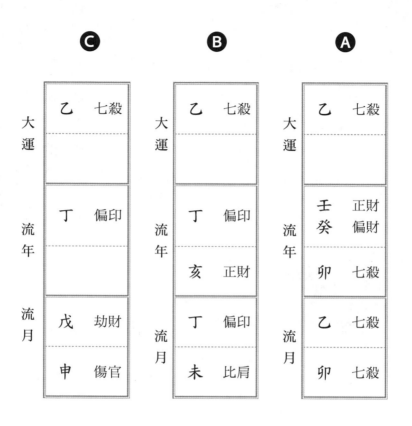

舉例而言：

◆ 如果該命主逢到如〈圖三十二〉Ⓐ的大運、流年、流月：先看大運、流年、流月的交互關係，流年癸水會生大運及流月乙木，命局中天干沒有食傷克制乙木，也沒有印星來通關，結果是嚴重的七殺剋比肩。

◆ 事實上，該月（卯月）流年的氣是癸、壬並氣，壬水還是加強乙木的力量。該月可能發生意外、招惹小人、長官欺壓。如果是女命，有可能被壞人欺負。身體上屬己土的問題可能發生。地支方面命局中食傷剋制七殺，雖然對天干發生的七殺剋比肩多少有些微抑制之力，但是還是要提醒命主天干的應事。

◆ 如果該命主逢到如〈圖三十二〉Ⓑ的大運、流年、流月：先看大運、流年、流月的交互關係，天干部分乙木生丁火偏印，這乙木的力量反而造成官印相生。

◆ 如果該命主逢到如〈圖三十二〉Ⓒ的大運、流年、流月：這是丁亥年戊申月的流年及流月進氣情形，此時流年地支空氣。我們先看大運、流年、流月的交互關係，天干部分乙木生丁火偏印，丁火再生戊土，基本上戊土是聚氣點。事實上，要先注意癸戊合化火，前面提過癸水受傷，而因為戊土是聚氣點所以癸水受傷加重，一定要提醒命主理財注意。加之是天干發生的事，所以暗示命主屬於遠方，為外人知曉的情形。此時地支食傷暢旺，也可以解釋給命主參考。

第三節 大運、流年、流月的進氣和命局交互作用關係

我們在〈卷之四〉第二節中說過命局四柱的五行生剋合交互作用關係，本節要更進一步討論大運、流年、流月的進氣，和命局四柱產生的五行生剋合交互作用關係於論命上的應用。事實上，此乃〈卷之四〉第二節的補充，請根據〈卷之四〉第一節，十神所代表的意義為基礎來融會貫通，勿強記。

基本上可以分為相生及相剋兩大類，相生及相剋各有五種、共十種情形。如前述天干地支分開，陰陽分開，所以發生的情形可能十分複雜。如某人因為流月氣場造成天干得財、地支剋財，那此人該月可能有賺錢和損財同時發生的機會。先討論相剋的情形：

官殺剋比劫

情事 命主主要會發生被約制、控制、傷害的情形。女命：交男友機緣高。

女命 一般而言正官來臨時的男友較佳，若是七殺星起，交男友要注意，免得被欺負，看過很多女士被已婚男性招惹。

男命 有子嗣機緣。

◆七殺剋日主或比肩

- 長官欺壓、小人近身、壓力大、官訟。
- 發生意外、血光之災、卡到陰。
- 被不好的東西或情事侵害，如吸毒、酗酒、藥癮等。
- 女性不太會拒絕男士，易受異性侵害。

◆正官勢強

- 被工作纏住，但還好不至於很緊張或壓力太大。
- 偶有官訟。
- 若官殺所克制命局中的比劫星，本來有剋財星，那財星因為比劫星力量減弱會增強，常會發生得財的應事。

化解

當然命主要提高警覺，捐血過運或積極運動也可化險為夷。

印剋食傷

情事

命主的精神意志力損傷。

- 才華顯露受壓抑、上當受騙、判斷錯誤、人事苦惱。
- 因自己的精神力差或疏忽發生禍事，如車禍、職災等意外。
- 行事挫折、失言、有口難言。
- 不喜運動、讀書不開竅、長輩約束。

・內向怕生、自卑、憂鬱症。
・財源不暢，因為食傷也是財源。
・女命懷孕機緣低，若是懷孕容易有風險。建議女性於印剋食傷期間勿受孕或懷胎。

化解

建議心情煩悶或覺得頭腦不清楚時，找朋友詢聊、多運動，出外踏青、旅遊，要事決策時請多方思考或請專家指導。

食傷剋官

情事

命主此時對於約制或傷害自己的人、事、物特別的反感，很容易產生抗拒或對抗的情事。

・對工作厭倦、對老闆不滿失業、易離職。老闆想將公司關閉、找不到工作。
・學生不滿體制、校規、權威管理，而中輟學業。
・對工作若有厭倦，請多忍耐。
・女命：不敬或不滿丈夫、男友，丈夫、男友有壓力，夫運不佳、想離婚、對情人無感情。
・要注意和老師、長官、夫君的相處，莫過強勢。
・女性可以遠距和男友交往。

化解

請命主轉移注意力，注意溝通協調勿強勢。多讀書或是從事研究發展、著書立言的工作。

比劫剋財

情事

- 顧名思義，財星損傷。
- 易損財、朋友資借金錢不容易歸還。
- 投資失敗。
- 賺錢欲望不高、物欲低、喜花錢，如果是學生反而是靜心讀書的好時光。修行人也是清心修行的好時光。
- 心情穩性高、心境淡泊。
- 男命：對太太、女友挑剔、易有控制狂或分手離婚。

化解

盡量不要積極投資如高風險的股票、期貨、或賭博，建議此時適當消費或樂捐布施過運，不要支借金錢予他人。受邀投資要斷然拒絕。男命要注意和太太、女友的相處，莫過強勢。

財破印

情事

- 命主通常此時心境不安寧，很難定下心來。生活奔波很常見。
- 驛馬星動：遠行、旅遊、出差等機會高。
- 有工作異動的機會，常會想換個環境。
- 當主管者無權柄，此乃有官無印。
- 生活奔波、心境不安寧。

- 學運差、心思亂、無法專心讀書。
- 意外收穫如中獎、橫財。
- 不實在、說謊、貪玩、不穩定。
- 不顧顏面、為賺錢或享受從事特種行業。
- 對外表不重視，因為印星受傷，貴人遠離，父母分離、長輩欠安。

化解

- 建議可以旅遊、請纓出差。

接下來再討論相生的情形。

官生印

情事

有官位、貴人來臨，受貴人照顧。心境安寧。

- 升官掌權，職等提升。
- 工作順利受長官賞識、得資源、接到計畫。
- 進修、求文憑、用功學習的心思起，會很有成果。
- 賺進輕鬆錢財，好像受貴人照顧一般。仲介業如賣車、賣保險、各式業務都順利。
- 有得遺產的機緣。
- 購置房地產的機緣。

比劫生食傷

情事

自己的聰明、才智、創意發揮的能力特別強。

- 著書立言、研究有成果、創新研發。
- 女命：懷孕、生小孩的機緣高
- 有一些命主特別著迷一些興趣或嗜好，也挺有成果。

食傷生財

情事

靠自己的聰明、才智、創意、言說賺錢。

- 投資得財，或是兼差賺外快。有人兼職接計畫，網拍賺錢、當家教、演講。
- 男命：結交女友的機緣大。

財生官

情事

顧名思義官星起，若是沒傷到比劫星就還好。

- 想當官、有官運。
- 女命：想交男友、交男友的機緣。
- 男命：有子嗣機緣。
- 工作忙碌（正官）或感受壓力（七殺）。
- 偶有遇到官訟或接罰單的情事。

印生比劫

情事

印星降臨是有福氣的時光。

- 有機會賺進輕鬆錢財，如股票分紅、仲介得利等。
- 得遺產。
- 拿文憑。
- 購置不動產。
- 接引貴人的扶助。

第四節 案例討論

在〈卷之四〉第四節的個案研究中，有根據命局來分析在不同的大運流年、流月可能發生的運勢，請讀者先一一仔細研讀。接著我們將〈卷之二〉之案例逐一分析，如果讀者都能看得懂，且有把握自己也能推出來，那現代八字命理的基本功就算是完備了。以下所提及的月分數字，皆是國曆月分；所說的歲數，都是虛歲。

案例一 羅患僵直性脊椎炎不用當兵

一九八九年4月24日丑時（男命），命盤及大運如下：

劫財	元神	偏財	正財
乙木	甲木	戊土	己土
丑土	寅木	辰土	巳火
正財	比肩	偏財	食神

77	67	57	47	37	27	17	7
庚	辛	壬	癸	甲	乙	丙	丁
申	酉	戌	亥	子	丑	寅	卯

每逢庚、乙年立秋後9天交脫大運

A 2010年

大運	丙	食神
流年	庚	七殺
	寅	比肩
流月		

B 2010年8月

大運		
	寅	比肩
流年	庚	七殺
	寅	比肩
流月	甲	比肩
	申	七殺

C 2011年

大運		
	寅	比肩
流年	辛	正官
	卯	劫財
流月		

圖33 大運、流年、流月範例

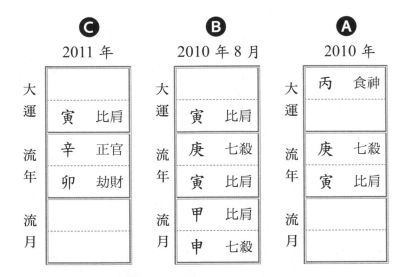

命主遇到庚或辛的氣，命局天干的甲、乙木都受衝擊，因為命局中的財星會增強庚或辛的氣。甲、乙木受衝擊本主筋骨、膽肝、髮的問題。前文提過，不是每一項病灶都會發生。

22歲，二〇一〇年庚寅年，庚金七殺約國曆4月初前後進氣，一直走到10月底，見〈圖三十三〉Ⓐ。大運丙火會剋制流年天干庚金，但是觀看命局月干戊土會幫丙火剋庚金通關，所以日主甲木受傷無疑，同時流年天干庚金合乙木，乙木也受傷。因為庚金七殺也主官星，所以學習或工作上會有很大的壓力，應事是學校的老師指導專題課時給命主很大的壓力。

二〇一〇年中除了4、5（辰月、巳月）兩個月外，8及9月（申月、酉月）也很嚴重，〈圖三十三〉Ⓑ是8月的情形，流月走甲申的氣，流月甲木出現剛好被流年庚金所剋，而且地支寅沖申，天干地支都發生木受剋的情形。9月的情形是庚金合乙木，乙木受傷。23歲，二〇一一年辛卯年，見〈圖三十三〉Ⓒ，流年辛金大剋命局乙木，該年2、3、7、12、隔年1月應該也會有狀況。因為二〇一〇年8月大運由丙火轉換到寅木，所以命局天干木受剋的情形在轉大運後加劇。二〇一二年的壬水進氣，印星來幫忙，暫時解除警報。

案例二 職棒偶像王建民婚外情事件

王建民的出生日期是國曆一九八〇年3月31日戌時，命盤及大運如下：

劫財	元神	七殺	正印
壬水	癸水	己土	庚金
戌土	卯木	卯木	申金
正官	食神	食神	正印

72	62	52	42	32	22	12	2
丁	丙	乙	甲	癸	壬	辛	庚
亥	戌	酉	申	未	午	巳	辰

逢丙、辛年立秋後 10 天交脫大運

B 2012 年 4 月

大運	癸	比肩
流年	辛 壬	偏印 劫財
	辰	正官
流月	甲	傷官
	辰	正官

A 2010 年

大運		
	午	偏財
流年	庚	正印
	寅	傷官
流月		

圖 34 大運、流年、流月範例

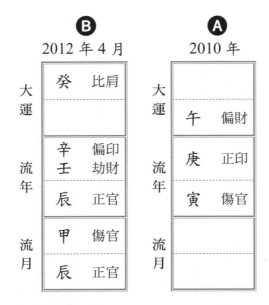

請參考〈圖三十四〉，王建民自二〇〇六年27歲立秋開始走5年的午火「偏財」大運，剛好其命局中地支有食神卯木生午火，陰生陰，所以這段時間他名聲高透賺進很多錢，也有很多球迷擁戴，因為球迷也屬財。論命時要討論是否受下屬、影迷、選民的擁戴，主要以討論財星為主，此點請讀者記住。報導上說發生的時間婚外情是二〇一〇年庚寅年（參見〈圖三十四〉Ⓐ），當時是王建民走大運午火的最後一年半左右。午火對元神是癸水的王建民剛好是「偏財」，一般而言「偏財」對男性而言是財富及女性。但是因為受傷，王建民二〇一〇年無法上場，這「偏財」的力量竟然以外遇小三發出。

以二〇一〇年的流月及流年進氣來看，我們看流年地支寅木的進氣，因為寅木會生午火，同時寅木沖命局申金，申金是印星，印星受傷通常也較沒有道德感。以五行陰陽來看，寅木會生午火較沒力道，午火命局的卯木來生就夠強了，所以寅木主要是沖掉印星，造成道德感的低落。在財星強且印星受壓制的情況下，出現婚外情。

國曆二月初立春開始寅木進氣，至申月走完（8月底）結束。大運午火走強了幾個月，暫時不會減弱。但是申金印星沒有寅木沖，可以判斷道德感加強。之後10、11月（戌月、亥月）天干走丙、丁財星，結束後整年中的財星才開始消退。

請注意立冬、大雪地支亥、子的氣，會重創大運午火，讓午火熄滅，而且會讓年支申金印星復原。所以判斷這段情應該始於國曆2月中，然後國曆11月立冬左右消退。新聞報導王建民本人說是8個月，基本上吻合，因為根據進氣及命局可以判斷，國曆2月初至8月底是最強的時刻。

第二年二〇一一年，流年為辛卯，庚寅、辛卯、癸巳、甲午數月（國曆2、3、5、6月）王建民又因為食傷生財，應該還有糾纏，判斷起來國曆2、3月較有可能。新聞報導王建民本人說第二年還有往來糾纏，很可能是此時段。

王建民因為地支食傷強，所以大運、流年、流月地支走財，都有生財之運。二〇一三年流年地支走巳火，沒有二〇一四年流年地支走午火好，請讀者根據合化的道理自行推推看。至於為何二〇一二年國曆4月事情爆發，請參見〈圖三十四〉Ⓑ，多半是元神旁的七殺星己土和流月甲木相合，化神為七殺，導致小人陷害他。但有流年壬水生甲木，甲木傷官無大礙，結果確實小人沒有露面，也無法重創王建民。

還好年支正印還是庇護他，印乃長輩，所以長輩挺他，球團方面支持他專心打球。行文至此，王建民元神旁有七殺，是很容易有意外受傷的人，要小心，但觀流月，二〇一二年國曆2月附近受傷是因為自己不小心為主，讀者閱讀本書至此，應該可以推算出來，如果一時想不通，請先暫停一下，等解出後再往下看。

案例三

神明改過的八字？

命主（女）的出生日期是一九六六年11月7日申時，命盤及大運如下：

偏財	元神	偏印	七殺
甲木	庚金	戊土	丙火
申金	午火	戌土	午火
比肩	正官	偏印	正官

81	71	61	51	41	31	21	11
庚	辛	壬	癸	甲	乙	丙	丁
寅	卯	辰	巳	午	未	申	酉

每逢丙、辛年白露後9天交脫大運

A

2010年10月

大運	甲	偏財
流年	庚	比肩
流月	丙	七殺
	戊	偏印

圖35 大運、流年、流月範例

命主命局中印星透干，且均有官星來生，所以對宗教很有興趣。但是甲木會生丙火七殺，所以若是戊土失去作用，此時丙火七殺剋日主，是命主命局的弱點。

要戊土失去作用得有甲木來剋或是癸水來合，甲木來剋有日主庚金抵抗，所以要注意癸水進氣的時間點。51歲開始命主走5年癸水大運，時間還未到。所以可以問他癸年是否有發生禍事，就是一九八三、一九九三、二〇〇三年。問命主這幾年是否有發生事情，結果都有禍事，甚至有一年妹妹車禍往生。

另外論命時間是二〇一〇年庚寅年，請參見〈圖三十五〉Ⓐ，流年庚金剋甲木，命局中沒有食傷通關，此年要注意損財。命主因印星透干喜好算命，給其他命理師算命說今年走財運會賺大錢，我則告訴她今年要注意損財，事實上，辰月、巳月、申月、酉月、已經損財，除了自己亂花錢，還被倒會。

為何國曆10月（丙戌月）會皈依呢？請參見〈圖三十五〉Ⓐ，大運甲木生流月丙火再生命局月干戊土印星，流月地支戌土為印星，印星強大，去一位法師座下皈依。

為何數學完全不行？除天生基因外，命中沒有食傷星是主因。

案例四 大家都不相信我的話

命主（男）的出生日期是一九六四年12月7日卯時，命盤及大運如下：

正印	元神	正財	偏財
己土	庚金	乙木	甲木
卯木	寅木	亥水	辰土
正財	偏財	食神	偏印

71	61	51	41	31	21	11	1
癸	壬	辛	庚	己	戊	丁	丙
未	午	巳	辰	卯	寅	丑	子

每逢甲、己年大雪後20天交脫大運

B 2011年2月

大運		
	辰	偏印
流年		
流月	庚	比肩
	寅	偏財

A 2009年

大運	庚	比肩
	辰	偏印
流年	己	正印
	丑	正印
流月		

圖36 大運、流年、流月範例

命主月支亥水和日支寅木相合，兩者有牽制之力，因此辰土對亥水相剋之力不可忽視。二〇〇九年己丑年，請參見〈圖三十六〉Ⓐ，大雪前大運是庚，大雪後大運轉辰。流年丑土從前一年的丑月走到未月結束，此時子丑並氣，再從丑月起走七個月。因腎屬水，所以當然己丑年一定有病兆。二〇一〇年庚寅年，地支走木，木剋土，所以腎病就減輕。注意二〇一〇年庚寅年的大運是辰土，但是流年寅木破辰土，所以不認為是腎病，亥水可以先鬆一口氣。

二〇一一年辛卯年立春，〈圖三十六〉Ⓑ，流年天干地支空氣，流月很重要。流月庚金剋合命局甲乙木、甲乙都受傷，所以是肝膽或免疫系統的問題。但流月寅木剋大運辰土，所以不認為是腎病，應說還有脾胃的問題。

二〇一二年壬辰年清明辰土開始進氣，辰土增強，必須注意腎病的問題，事實上，流年辰土進氣的期間，流月如果地支走官星反而會特別嚴重，因為官星屬火會增強辰土的力量。

因此二〇一三年癸巳年，大運還走辰土，流年地支巳火也生辰土，為陽生陽，腎病極可能更嚴重。這兩年一定要特別注意身體保健。

案例五 人不可貌相

命主（女）的出生日期是一九八二年4月13日早子時，命盤及大運如下：

食神	元神	偏印	七殺
戊土	丙火	甲木	壬水
子水	寅木	辰土	戌土
正官	偏印	食神	食神

73	63	53	43	33	23	13	3
丙	丁	戊	己	庚	辛	壬	癸
申	酉	戌	亥	子	丑	寅	卯

每逢甲、己年寒露後10天交脫大運

B 2010年

大運		
	丑	傷官
流年	庚	偏財
	寅	偏印
流月		

A 2009年

大運	辛	正財
流年	己	傷官
	丑	傷官
流月		

圖37 大運、流年、流月範例

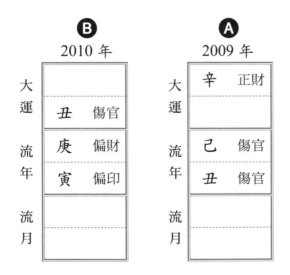

見〈圖三十七〉Ⓐ，二〇〇九年己丑年立夏到立冬結束都是流年己土進氣的時間，己土會合命局甲，使甲木被牽制，但其實甲木是日主的保護星，保護星被牽制，日主會有危機，因為年支壬水七殺在一旁虎視眈眈。

但另一方面日主還是有時干戊土食神保護，但是大運天干辛金為財星，丙辛合造成丙火生戊土減弱，這時七殺星盛，日主丙火危險，而丙火主眼。午月、未月、申月都是危險期。芒種開始庚午月最危險，除了庚金生壬水很順以外，地支午火會被時支子水沖，天干地支都有火受剋，通常都有事。

為何左眼？那是因為對日主而言，年干及月干都是左邊（請觀想日主丙火是面對我們）。以其命盤來判斷，每逢己土的大運、流年、流月，都要注意眼睛的問題，所以要提醒命主43歲至48歲期間，必須特別注意眼睛的保養。

見〈圖三十七〉Ⓑ，二〇一〇年，命主的大運走到丑土傷官，丑土會合命局時支子水正官，子丑合正官受傷，所以筆者一看到命主走到丑土傷官大運，就直接問是否因為脾氣大把男生都嚇跑了？當年流年寅木印星無法完全壓制丑土，是因為陽木和陰土的關係。二〇一一年流年卯木倒是可以剋制丑土，但命主可能會憂鬱，二〇一三、二〇一四年因為流年地支火生土，脾氣又要大起來了。

另外有些書上說日主無法幫月干及時干通關，此命例便可用來說明此說法為非。此位命主在公司工作，同事及長官都認為她十分聰明且有才華，若日主沒通關，此命局天干地支皆印剋食傷，又哪會有人對她有好評價呢？

案例六 親戚的命不好算

命主（男）的出生日期是一九七三年7月12日酉時，命盤及大運如下：

偏財	元神	比肩	偏財
癸水	己土	己土	癸水
酉金	酉金	未土	丑土
食神	食神	比肩	比肩

73	63	53	43	33	23	13	3
辛	壬	癸	甲	乙	丙	丁	戊
亥	子	丑	寅	卯	辰	巳	午

每逢庚、乙年驚蟄後25天交脫大運

B 2009年11月

大運	乙	七殺
流年	己	比肩
流月	乙	七殺
	亥	正財

A 2009年9月

大運	乙	七殺
流年	己	比肩
流月	癸	偏財
	酉	食神

圖38 大運、流年、流月範例

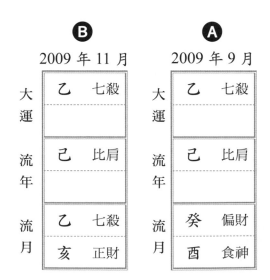

這命盤我們前文已拿來作範例，現在進一步示範如何迅速抓到重點。此命局天干若走官星，日主將無法抵抗，因為抵抗及護衛需要食傷或印星。

命主從虛歲33歲二〇〇五年3月開始，走一波5年的乙木七殺大運。前文提及，合化後先看大運、流年、流月的交互關係，乙木大運五年中，流年的天干依序為乙、丙、丁、戊、己，會造成七殺星最嚴重的流年是乙年和己年，因為乙木加強七殺星，己土則是出來給乙木近剋。

我們先看己丑年情形，觀察乙木的進氣，一眼就可看出國曆5、8、9、10、11月（己巳月、壬申月、癸酉月、甲戌月、乙亥月）間，七殺剋日主十分嚴重（流年己土受剋，就是日主己土受剋），其中癸酉月、乙亥月最嚴重，參見〈圖三十八〉Ⓐ Ⓑ。

二〇〇五年犯官殺星的時間是己卯月、癸未月、乙酉月，請讀者自推，以下兩點提醒：01乙木進氣分兩段；驚蟄轉換成乙木七殺大運。年底丑月很容易也算成犯官殺運，但02不要忘了該月乙、丙並氣，大運的七殺星有丙來通關，丙火通關比不上丁火，所以基本上遇此情形我還是會提醒命主小心七殺星的作用。二〇一〇年開始庚、辛、壬、癸四個年分都對命主經商賺錢有利，確實生活有改善，壓力也減輕。

案例七 令大家懷念的作家三毛

三毛（女）的出生日期是一九四三年3月26日寅時，命盤及大運如下：

傷官	元神	食神	比肩
甲木	癸水	乙木	癸水
寅木	未土	卯木	未土
傷官	七殺	食神	七殺

74	64	54	44	34	24	14	4
癸	壬	辛	庚	己	戊	丁	丙
亥	戌	酉	申	未	午	巳	辰

每逢丙、辛年寒露後28天交脫大運

C 1991年1月

大運	庚	正印
流年		
流月	己	七殺
	丑	七殺

B 1990年

大運	庚	正印
流年	庚	正印
	午	偏財
流月		

A 1979年9月

大運	己	七殺
流年	己	七殺
	未 申	七殺 正印
流月	癸	比肩
	酉	偏印

圖39 大運、流年、流月範例

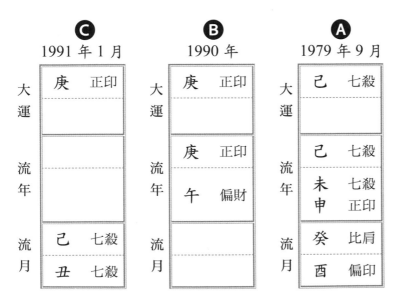

觀三毛命局29到34歲（一九七一年至一九七六年間）地支走午火偏財大運，午未合化火，是財星，注意命局月支卯木生午火十分強旺，未土合不住午火，是運勢很好的時候，此時文章開始大受歡迎，擁有很多讀者粉絲，粉絲屬財，三毛靠自己的智慧及才氣受到歡迎。

此氣勢維持到她46歲，一九八八年左右，為何不是44歲，一九八六年呢？這命局天干地支都很怕印星，因為印剋食傷，會損及她的著作靈感及才氣。44歲，一九八六年大運轉到庚金正印，庚金可以合乙木及剋甲木，這段期間甲木傷官及乙木食神容易受傷。還好一九八六年丙寅年及一九八七年丁卯年，流年天干都是財星，財可破印，大運庚金受流年剋，力量較弱，因此合乙木的能力有限。不過從命理上來看，一九八八年以後，三毛因為印星高掛，在文學創作方面，還是會十分辛苦的。

34歲（一九七六年）以後大運轉己土七殺，己土在天干受命局甲、乙木的剋合，夫運不佳。而一九七九年9月夫君荷西意外去世，命局上其實看得出來，參見〈圖三十九〉Ⓐ，天干流月癸水生月干乙木，然後剋己土七殺，官星隕落。但個人認為這並非無法避免，如果知道某年某月夫運不佳，可以不要讓他去從事危險活動，同時夫妻暫時分開一陣子，未必不可躲過一劫。

前文提及一九八八年以後，三毛因印星高掛，導致文學創作運勢不佳，同時也是她憂鬱症開始嚴重的時刻。我所找到的資料並沒有記載她憂鬱症何時開始，但我查到她有參加宗教活動，其實以她的命局，實在不宜從事此類活動，因為這反而會加重她的病情，各式人事苦惱不斷。

一九九〇年對三毛是很不好的一年，參見〈圖三十九〉Ⓑ，此年乃庚午年，庚金剋甲木、庚金也合乙木，甲、乙兩個對三毛很重要的食傷星都因印星而受傷，同時當時的大運也在庚。

清明節後流年的庚金開始進氣，可以想像從那之後三毛就過得很辛苦，實在讓人心疼。還好流年地支午火財星多少有破印之力，她還能一路挺到年底。

庚金的流年之氣於國曆10月終結束，三毛本可喘口氣，但午火卻也在12月結束，時序進入一九九一年1月（仍是庚午年，參見〈圖三十九〉Ⓒ），此時流年天干地支空氣，流月是己丑，己土加強大運的庚金。

經查流月己土的氣在一九九〇年12月31日開始進氣，一九九一年1月4日三毛去世為甲戌日，大運庚金有流月己土加強剋甲木，難怪三毛挺不住。同時時干甲木合己土，甲木傷官、己土官星，食傷合官，表示自己思念夫君，所以甲木在此時更無法抵擋庚金來剋，三毛挺不住憂鬱的情緒，結束自己生命。

從命理來看，當時若有朋友（即比劫，可以幫印及食傷通關）陪伴身邊，常常出去旅行（出外遠行即驛馬，為財星，可破印），或許過得了這一關。三毛的大運44至64歲很不好，但64歲之後大運走壬水可加強天干的食傷星，將能重拾往日文采，惟逝者已去，徒留讀者懷念。

案例八　難逃的劫難

命主（女）的出生日期是一九七六年5月11日午時，命盤及大運如下：

時	日	月	年
正官	元神	比肩	正財
戊土	癸水	癸水	丙火
午火	亥水	巳火	辰土
偏財	劫財	正財	正官

73	63	53	43	33	23	13	3
乙	丙	丁	戊	己	庚	辛	壬
酉	戌	亥	子	丑	寅	卯	辰

每逢癸、戊年清明後10天交脫大運

	D 2011年7月	C 2011年6月	B 2011年1月	A 2009年
大運	己　七殺	己　七殺	己　七殺	己　七殺
流年	辛　偏印	辛　偏印		
	卯　食神	卯　食神		丑　七殺
流月	乙　食神	甲　傷官	己　七殺	丁　偏財
	未　七殺	午　偏財	丑　七殺	丑　七殺

圖40　大運、流年、流月範例

此命主和「案例六」中的命主是兄妹關係，事實上他們一家人中，有三個小孩和一個爸爸都是這種天干很怕官殺星的命局。據我觀察，命局是會遺傳的，一家人日主五行未必相同，但四柱轉換成十神，常常可以看到結構類似的情形。讀者若多收集案例必可發現。

命主二〇〇九年於卯月、巳月、酉月、丑月都是七殺星氣盛的月分，〈圖四〇〉Ⓐ列出小寒該月（二〇一〇年國曆1月初）的大運、流年、流月的進氣。

二〇一〇年為何沒懷孕呢？該年流年是庚寅，寅木為命主傷官，再者寅木和命局日支亥合木，又合出食傷，看起來似乎有懷孕機會。但事實上，流年寅木大多和丑土並氣，造成木剋土，食傷剋官，食傷表示自己的卵子，官星表示夫君的精子，卵子有排斥精子的狀況。

二〇一一年國曆1月的大運、流年、流月進氣如〈圖四〇〉Ⓑ所示，前三個月，戌月、亥月、子月，天干地支都看不到食傷星，結果是二〇一一年國曆1月要進行手術。至於為何會發生懷孕胎兒沒有心跳？因為立秋時流月申金沖掉寅木，食傷星一直沒有復活的跡象。

二〇一一年國曆6、7月間（如〈圖四〇〉Ⓒ Ⓓ）懷孕，恐怕很多命理師都會說印剋食傷將流產。但請讀者注意，合化要先看，流年辛金合命局年干丙火，基本上不可論辛金有能力大剋食傷星。但大運己土能生辛金，辛金無法完全被年干丙火合住。所以還是要提醒命主安胎，而事實上，醫生確實有警告胎盤位置太低。這例子十分複雜還請讀者多思考。

案例九 嚴重癌症轉好

命主（男）的出生日期是一九七一年8月3日巳時，命盤及大運如下：

劫財	元神	正財	劫財
辛金	庚金	乙木	辛金
巳火	申金	未土	亥水
七殺	比肩	正印	食神

80	70	60	50	40	30	20	10
丁	戊	己	庚	辛	壬	癸	甲
亥	子	丑	寅	卯	辰	巳	午

每逢庚、乙年立夏後3天交脫大運

	D 2009年	C 2008年	B 2007年	A 2006年
大運				
	辰 偏印	辰 偏印	辰 偏印	辰 偏印
流年	己 正印	戊 偏印	丁 正官	丙 七殺
	丑 正印	子 傷官	亥 食神	戌 偏印
流月				

圖41 大運、流年、流月範例

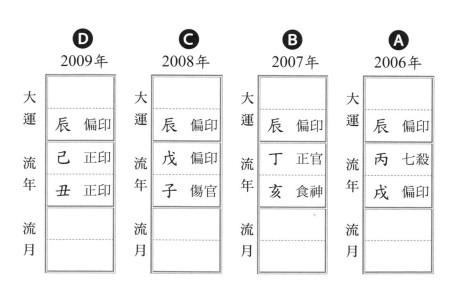

平常一些常見的病症如心、肝、脾、肺、腎、掉髮、白髮、變胖、變瘦、糖尿病、中風、婦女病、皮膚等，當然我們都知道如何論述，但鼻咽癌還是我第一次遇到。

一排出命主命盤就知道，他近期最大的弱點是年支亥水，35歲（二〇〇五年）起大運轉到辰土，辰土剋亥水，這是他一生中背運五年的開始。我對鼻咽癌是第一次研究，以命主事例來看，我有九成把握鼻咽癌是水受剋而引起。去查了一些資料，果然如此。

記得曾於一些古籍上引述的資料中讀過，水受剋會引起頭方面的症狀，當時我以為是耳疾的意思，但此案例讓我聯想，或許古人早有統計過鼻咽癌於八字的應驗。年支亥水本受月支未土所剋，但未土屬陰，無法剋盡亥水。由二〇〇五年巳月轉換大運後開始，應一直有亥水受剋的病徵，亥水受剋可能會有膀胱、腎、血液、骨髓、生殖系統及鼻咽的病灶發生。

參看〈圖四十一〉ⒶⒷⒸⒹ，二〇〇六、二〇〇七、二〇〇八、二〇〇九年，地支亥水都受傷嚴重。二〇〇九年己丑年，天干地支均走土，此時亥水嚴重受剋。依丑進氣來看，二〇〇九年1月至7月較嚴重，二〇一〇年2月開始減緩，因為流年寅木財星進氣，可以剋制大運辰土。8月地支有流月申金進氣生水，因此病況更趨緩。二〇一二年壬辰年4月至11月，可能又犯，事實上每逢（戌、辰）都可能較嚴重。

我說也會有憂鬱症，命主哥哥說對，還挺嚴重。當命局中有發生嚴重的印剋食傷時，常會有憂鬱症。而癌症則通常是命局中某個干支，受到長久且嚴重的沖剋。先抓大運，再看流年的配合，要預知何時會轉好不是難事。

案例十 年紀輕輕就當上即將上櫃公司 CEO

命主（男）的出生日期是一九七六年3月16日巳時，命盤及大運如下：

偏印	元神	偏財	劫財
乙木	丁火	辛金	丙火
巳火	卯木	卯木	辰土
劫財	偏印	偏印	傷官

77	67	57	47	37	27	17	7
己	戊	丁	丙	乙	甲	癸	壬
亥	戌	酉	申	未	午	巳	辰

每逢丁、壬年白露後 17 天交脫大運

B 2012 年驚蟄

大運		
	午	比肩
流年	辛	偏財
	壬	正官
流月	癸	七殺
	卯	偏印

A 2012 年立春

大運		
	午	比肩
流年	辛	偏財
	壬	正官
流月	壬	正官
	寅	正印

圖 42 大運、流年、流月範例

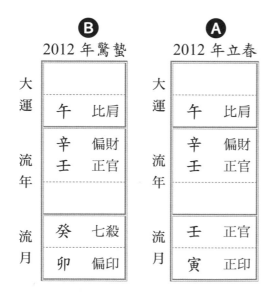

此命主命盤，八字中並無官星，但年月天干丙辛合，丙化壬水為其正官，所以本來就會任管理職。但說要任職一大型公司的總領導地位，就需要大運、流年、乃至流月的加強及催化了。

二〇一二年壬辰年，壬水正官於立春（國曆1月底2月初）開始進氣，請參看〈圖四十二〉Ⓐ Ⓑ，壬水還是可以和時支乙木官印相生，而且立春後兩個月的流月是壬寅、癸卯，本來就官印相生。所以在我還沒有和命主網路電話遠端解命前，我就知道這CEO，非接不可，此乃運之所趨，不可避也。

國曆8月底壬水官星走完後，有一段約三個月的震盪期，我建議可將一些事務交給放心的人。二〇一二年年底壬水及癸水同時進氣，癸水生時支乙木更順暢，進入此波官印相生的高潮，這波官星走到二〇一四年5月底，而後印星依然強旺數年。

★【作者註】本書一版於二〇一三年4月付梓，後於二〇一四年6月，筆者接到訊息，此命主於該月離開CEO職位，剛好和書中所述相同。觀其命局，日後尚大有可為，期望他繼續為台灣科技界貢獻。

案例十一　選舉的結果要如何預測？

【二〇一〇年11月27日，郝龍斌先生對蘇貞昌先生之台北市長選舉】郝龍斌先生的出生日期是一九五二年8月22日丑時，命盤及大運如下：

正官	元神	偏印	食神
丁火	庚金	戊土	壬水
丑土	子水	申金	辰土
正印	傷官	比肩	偏印

77	67	57	47	37	27	17	7
丙	乙	甲	癸	壬	辛	庚	己
辰	卯	寅	丑	子	亥	戌	酉

每逢戊、癸年清明後 14 天交脫大運

C 2010 年立冬

大運	甲	偏財
流年		
流月	丁	正官
	亥	食神

B 2010 年白露

大運	甲	偏財
流年	庚	比肩
流月	乙	正財
	酉	劫財

A 2010 年立秋

大運	甲	偏財
流年	庚	比肩
	寅	偏財
流月	甲	偏財
	申	比肩

圖 43　大運、流年、流月範例

選舉要當選基本上要看財星是否暢旺，因為粉絲就是財星，支持者是也。命理上財可升官，官就是官位。所以分析選情的方法很簡單，但亦有其他當選方法，有些候選人被長官內定，以政黨支持當選，這應是官印相生。

郝龍斌先生當時大運走甲木財星，二〇一〇年庚寅年，流年庚金剋大運甲木，不懂進氣法的八字命理師，如果他懂得選舉看財星，則他一定斷言郝龍斌沒希望了，這是許多命理師論命時準時不準的原因之一。

事實上，庚金在二〇一〇年庚寅年，由國曆3月底走到10月中下，而且9月底就開始變弱，事實上國曆8、9月（申月、酉月，請參看〈圖四十三〉Ⓐ Ⓑ 因流月屬財被大剋，因此郝龍斌先生當時支持度到達谷底。國曆9月庚乙合金，比劫合財，且財損，表示自己或幕僚搞砸。

但到了投票的時刻，立冬開始，丁亥月，沒有了庚金，命局年干壬水生甲木，甲木生丁火。食傷生財，財升官，所以自然要預測會當選了。

【二〇一〇年11月27日，朱立倫先生對蔡英文女士之新北市長選舉】朱立倫先生的出生日期是一九六一年6月7日巳時，命盤及大運如下：

食神	元神	正財	比肩
癸水	辛金	甲木	辛金
巳火	未土	午火	丑土
正官	偏印	七殺	偏印

71	61	51	41	31	21	11	1
丙	丁	戊	己	庚	辛	壬	癸
戌	亥	子	丑	寅	卯	辰	巳

每逢丙、辛年寒露後15天交脫大運

B 2010年白露

大運		
	丑	偏印
流年		
流月	丁	七殺
	亥	傷官

A 2010年

大運		
	丑	偏印
流年	庚	劫財
	寅	正財
流月		

圖44 大運、流年、流月範例

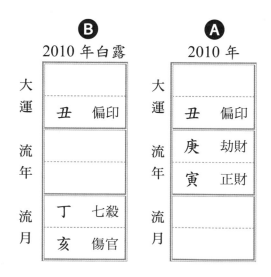

蔡英文女士於二〇〇九年6月大運帶來卯木財星（連走5年，見〈圖四十六〉），但是命局兩個申金暗合卯木，因此這段時間參加選舉頗艱困。朱立倫先生於二〇一〇年的流年基本上是不利的，請參看〈圖四十四〉Ⓐ，流年天干庚金剋命盤月干甲木財星（國曆4至10月間），流年地支寅木財星被命盤年支丑土印星暗合（國曆2至8月間），這可以解讀成有長輩暗扯他後腿。

但到了選舉前這些不利的狀況完全解除，因為流年完全空氣，所以主要看流月之氣，請參看〈圖四十四〉Ⓑ，選舉該月的天干是丁火七殺，丁火七殺剋他命盤中的年干辛金比肩（比肩就是同輩同儕），當時我分析時和詢問者說：「會當選，但最後一個月要特別注意同性幕僚或朋友安全，不過這位同性幕僚或朋友出問題反而對朱立倫先生選舉有幫助。」以命理分析來看，辛金比肩被剋反而月干甲木財星更旺，因為比肩剋財，比肩消失，那財星不是更旺了嗎？

【二〇一二年1月14日，馬英九先生對蔡英文女士之中華民國第十三任總統、副總統選舉】

馬英九先生的出生日期是一九五〇年7月13日未時，命盤及大運如下：

食神	元神	偏財	傷官
辛金	己土	癸水	庚金
未土	酉金	未土	寅木
比肩	食神	比肩	正官

80	70	60	50	40	30	20	10
辛	庚	己	戊	丁	丙	乙	甲
卯	寅	丑	子	亥	戌	酉	申

每逢甲、己年立春後22天交脫大運

B 2011年小寒

大運	己	比肩
流年	辛	食神
流月	辛	食神
	丑	比肩

A 2011年

大運	己	比肩
流年	辛	食神
	卯	七殺
流月		

圖45 大運、流年、流月範例

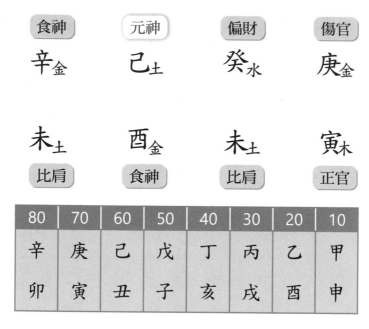

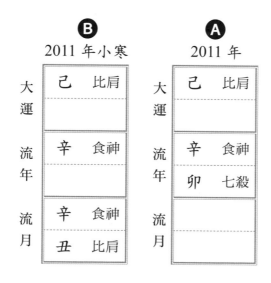

選舉時間是二〇一二年1月14日，實為辛卯年辛丑月，以馬英九先生的命局來看，辛金屬食神，能生命局月干癸水財星，所以辛卯年（參看〈圖四十五〉Ⓐ）選舉對馬英九先生是好的。

但辛金第一波的進氣其實是國曆3月至9月，而國曆10、11、12這三個月辛金實為空氣。請注意大運乃己土，己土剋命局月干癸水財星，因此選前這幾個月民調開始下降，但投票日流月是辛丑月（參看〈圖四十五〉Ⓑ），辛金第二波進氣開始，導致癸水財星又復活，所以除非對手有更特殊的狀況，否則當然是預測會當選。

不過癸水財星受傷有三、四個月，因此也不會贏很多。倘若選舉時間是在二〇一一年國曆10、11、12月間，那對馬英九先生就十分不利了。

蔡英文女士的出生日期是一九五六年8月31日巳時，命盤及大運如下：

劫財	元神	七殺	七殺
辛金	庚金	丙火	丙火
巳火	午火	申金	申金
七殺	正官	比肩	比肩

79	69	59	49	39	29	19	9
戊	己	庚	辛	壬	癸	甲	乙
子	丑	寅	卯	辰	巳	午	未

每逢甲、己年芒種後 24 天交脫大運

A

2011 年小寒

大運		
	卯	正財
流年	辛	劫財
流月	辛	劫財
	丑	正印

圖 46 大運、流年、流月範例

蔡英文女士自國曆二〇〇九年6月開始，走一波五年的卯木財運，這段時間內粉絲應該頗多，但一直有命局年月支申金暗合卯木的情形。

申金為其比肩，比肩合財，且卯申暗合金，金為比劫，這表示和同輩合作反而造成損財。大家可以回想一下，選舉的過程中，確實有出現搭檔或同輩造成她損失的情形。

選舉日的流年及流月都是辛金（參看〈圖四十六〉Ⓐ），此進氣和命局之互動，實無精彩之處，對照〈圖四十五Ⓑ〉馬英九先生的食神生偏財，勝負立見。

二〇一六年1月，蔡英文女士當選總統，該年為乙未年，未土正印進氣數月，該月流月進氣，天干有丙火己土之官印相生，地支有午火生未土及丑土之官印相生，且前一個月流日戊土和流年丙火及命局丙火，也成相生之勢，和前一次落敗之情形，不可同日而語。

案例十二

我和學生同時發生七殺攻身的意外

命主（男）的出生日期是一九七九年2月8日巳時，命盤及大運如下：

傷官	比肩	元神	正官
己土	丙火	丙火	癸水
未土	寅木	午火	巳火
傷官	偏印	劫財	比肩

82	72	62	52	42	32	22	12	2
丁	戊	己	庚	辛	壬	癸	甲	乙
巳	午	未	申	酉	戌	亥	子	丑

每逢乙、庚年清明後22天交脫大運

A

2012年6月

大運	壬	七殺
流年	辛	正財
	壬	七殺
	辰	食神
流月	丙	比肩
	午	劫財

圖47 大運、流年、流月範例

請參看〈圖四十七〉A，命主32歲，二〇一〇年清明開始，壬水大運開始進氣。此年及次年二〇一一年，流年的天干庚金和辛金都會增強壬水七殺的作用。

身體出問題常常都是命主命局中的干支受到一段時間的沖剋。以這進氣來說，大概已有兩年醞釀，同時這兩年命主的壓力一定非常大，官剋比劫沒意外或官訟，壓力大是跑不了的。

二〇一二年立春國曆2月開始，流年壬辰年的壬水進氣，4、5月流月天干印星跑出來保護日主，但到6月，流月的丙火開始進氣，剛好被流年壬水大剋。很多不懂進氣和命局交互關係的人會說，流月丙火進氣不是加強命局中丙火嗎？事實上，論命時要注意大運、流年、流月的氣會先作用，流月丙火受大剋，也就是說命局中的丙火受大剋。

此時要趕緊看是否有通關、或能牽制壬水的干支。我們首先注意命主年干的己土，但是己土剋壬水無力。同時要注意此月辛金壬水並氣，辛金會為己土剋壬水通關，所以命主丙火已無法抵擋壬水，於是乎丙火受剋的病兆會出現，七殺剋日主的意外也會發生。至於論文被接受這方面也看得出來，流年地支辰土4月進氣後，連續於5、6月受流月巳火及午火滋養，辰土為食神，不就表示揚名及著書立言嗎？

同時，此命主於二〇一六年10月間結婚，這請讀者自行驗證。

至於筆者本人也是丙火日主，於二〇一二年6月面對完全相同的流年、流月進氣，惟我的大運乃走癸水正官，同時命局天干有丁火，與流年壬水產生壬丁合，大致上兩者無傷，但壬水會被牽制，所以我沒出現很大的禍事。

而事實上，筆者這個月出門在外，謹慎小心，步步為營，確實感受到長官及工作上的壓力，但我知道這會發生，挺看得開，同時也伺機去捐血過運。

以下兩個案例，是發表於部落格中的文章，供讀者參考。

案例十三 為何剛好座號前幾號的同學都很難帶？

台灣的小學最近剛考完段考，老師們這幾天都在批改考卷，我的太太在某小學教書。今年學校四年級共有兩個班，她一直覺得這兩個班很難帶，因為每班剛好都有三、四個很麻煩的學生。有的性喜忤逆老師；有的是上課坐不住跑來跑去，常常胡言亂語；有的則上課昏昏沈沈，沒有集中力；還有的是被同學霸凌無法抵抗。

今日她剛將考卷批改完，忙著連上學校的網站，線上將成績輸入。忽然發現有個很奇怪的巧合，這兩班的麻煩學生，剛好都是座號排前幾號的同學。因為小朋友的座號是按照出生年月來排序的，所以她問我該不會這幾個小朋友都是因為出生在不好的月分造成的？我說八成是如此，但她問：每個令她頭痛的症狀都不同，這可以用命理來解釋嗎？

依照台灣學制，今年（二〇一二年）就讀小學四年級的小朋友最年輕的是二〇〇一年九月初出生，之前出生的小朋友，現在已就讀小學五年級。所以就讀小學四年級、且在班上座號為前幾號的同學，很可能是二〇〇一年國曆九月初出生。

這些小朋友八字中，年柱為辛巳、月柱為丁酉。結果兩柱並排：天干丁火剋辛金（陰剋陰）、地支巳火剋酉金。一般命局中出現沖剋難免，但天干地支都發生相同五行的沖剋，一般而言是不好的狀況，只希望日柱及時柱來化解。

如果命主於此段時間出生，日主為甲或乙，則天干地支都有食傷剋官，這樣的小朋友，有個性、具才華，喜挑戰權威，因此忤逆老師的情形很容易出現；如果日主為戊或己，則天干地支都有印剋食傷，這樣的小朋友精神受壓抑，易憂鬱，上課昏昏沈沈沒有集中力；如果日主為庚或辛，則天干地支都有官剋比劫，易被同學霸凌無法抵抗；如果日主為壬或癸，則天干地支都有財破印星，這樣的小朋友活潑好動，無法靜下來，恐怕愛說謊。

查一下萬年曆就知道，這樣年、月柱都發生相同五行沖剋的月分並不多，如果是二〇〇一年國曆八月間出生的小朋友，年柱為辛巳、月柱為丙申，初步看來也是年、月柱都發生相同五行沖剋的月分，但此命局，若丙火及巳火都會化陽水，例如〈卷之四〉的案例E，情形又完全不同了。

如果為人父母知道小朋友於命理上有這些弱點，就應該針對問題來處理，每個人命局都有優缺，隱短而揚長，人生還是有其一片天。我們應該根據孩子的個性來規畫適當的教育方針，讓他能往自己的長處、「順其自然」地發展。

案例十四 人生中的重大決策，該怎麼辦呢？

網友Sandy於二〇一二年5月10日下午10點在黃教授命理部落格中，問了以下問題，以下為原文：

「黃教授看了您的簡歷之後我深感佩服可以請您替我解惑嗎？我跟先生今年想買房，但報章雜誌都在說，溫哥華房市會泡沫化。請問，這是真的嗎？那我們要等到何時買房才適合呢？謝謝您。」

我原來的回答是這樣的：

「Sandy 您好：人生在世，一定會受到所在環境的影響，關於購屋置產的時間點，以命理學來說，主要得抓住兩點，一是不可出現印剋食傷，否則可能做出錯誤決策，由此購入的房屋易造成屋主煩惱；二是不宜在財星受傷時購屋，以免損財。

我個人認為，不管在何處購屋，只要選個好運，頭腦清楚的時刻，一定能有正確的抉擇。用命理學是幫的上忙的，您可以慎選一位懂命理的人給予指點，如果對方說要花錢改運，多半是斂財不要理他。如果您希望我幫忙，可以發個信給我（prof.hwang.fortune.telling@gmail.com）。Have a nice day! Bruce Hwang」

於此我想對此點做更深入的討論，溫哥華房市會泡沫化嗎？給我溫哥華某些主事者的生辰，或許可以做些判斷，但此乃緣木求魚。要我算出溫哥華房市是否會泡沫化，這問題要用八字處理，事實上有點不符主體，因為八字是跟著人走的，是用來說明一個人在世間發生事情的波折起伏及其韻律。

當我們以人為本體，當然可以使用命理來幫助決策。我相信即使溫哥華房市泡沫化，還是有人能於房地產中獲利。決策正確的人，亦能聰明避開房市泡沫化。

基本上我的處理方法，會先將參與的決策者的命盤拿來分析，一般而言是夫妻兩人。但如果全由先生決策，則只需取先生命盤；反過來說如果有更多人有決策權或參與意見，如父母等，則相關人等命盤也要參看。

根據所參看的命盤，分析其大運、流年、流月，看看這些人是否於最近或將來，會有決策失誤（印剋食傷）或損財的情形。其實其他情形也要參考，此不一而論，基本上命理師的推理及計算能力本就需強。

然後我們建議由「哪些人」於「某些時段（或避開某些時段）」來決策，這決策可能是買，或不買。如果要買，買哪戶、哪區，這些問題，不要問命理師，問自己。命理師可以提供決策方針的大方向，如時間、地點等。由此看來，命理師真的不可妄言，很多命理師對自己老師傳下的一些斷法，自己也沒充分驗證，就開始幫人算命，這樣真的不宜。我看過很多例子，明明不該投資的時刻，命理師卻告訴命主是大好機會，結果害慘命主，實乃罪過。

案例十五 月支有化的案例

關於月支是否會化，眾說紛紜。〈圖四十八〉是筆者幫之論過命的一位命主之命局（因為隱私問題，將其年干、日干、時干隱藏）。根據〈卷之三〉第七節所討論關於地支子丑合化的作用，命局中戊子的子水在沒有申金、酉金的作用下，旁邊剛好有丑土的情形下，會化陰土。但此例中，子水是月令，因為得令，受節氣的支持，所以是很強的干支。一般說很強的干支很難化，所以我們很少找到月令有化的案例，這是因為子水為月令很強，所以丑土若是不夠強，還是無法將子水化成陰土。但此例中兩個午火生丑土，陰生陰全無障礙，而且聚氣點在丑土，丑土十分強旺。該命主的子水確實化為陰土，這筆者經過多方訪談，根據其個性和生平可以確認。此種案例很罕見，地支子丑合化，丑土最強就是有兩個午火來生，同時子水要在丙火或戊土底下，確實是很少見的組合。

□	□	戊	□
午火	午火	子水	丑土

圖48 月支有化的命局範例

案例十六 命局干支有化受流年氣場影響

此案例我們在〈卷之四〉的〈命局案例E〉中有討論過，有甲木、乙木進氣時化為壬水的月干丙火會變回七殺丙火。在二〇一四年國曆10月甲戌月開始甲木開始進氣，命主的父母就聽我們的叮嚀，要命主事事小心。但是在二〇一四年國曆12月，在學校參加球賽時，發生多次意外，還好都算是小事。先是手扭傷，又發生跌倒的意外，連褲子都磨破。見〈圖四十九〉，二〇一四年國曆12月，月干七殺復活，流月也走丙火。

2014 年 12 月

大運		
	酉	劫財
流年	甲	偏財
	乙	正財
	午	正官
流月	丙	七殺
	子	傷官

傷官	元神	七殺	劫財
癸水	庚金	丙火	辛金
未土	申金	申金	巳火
正印	比肩	比肩	七殺

圖 49 〈卷之四〉的命局案例E甲木進氣

案例十七 洪仲丘事件

洪仲丘事件，指台灣於二〇一三年國曆7月間，發生在台灣陸軍的死亡案件——義務役士官洪仲丘先生原預定於二〇一三年國曆7月6日退伍，卻在國曆7月4日死亡，由於死因遭媒體報導疑似遭欺凌、虐待或其他軍事醜聞，而引發社會輿論關注。洪仲丘先生於二〇一三年國曆6月底退伍前夕，因攜帶具備拍照功能之行動電話和MP3隨身碟進入軍營，被指控違反軍隊資訊安全保密規定。洪仲丘先生被懲處實施禁閉室「悔過」處分。國曆7月3日，在室外溫度達紅旗警戒，洪員體重98公斤，當身高體重指數過高時，禁閉單位仍執行操練，造成洪員中暑、熱衰竭，引發彌散性血管內凝血而死。此事件在台灣沸騰，影響的人、事很多。一聽說這件事，我們就去網上查了他的出生時間。在這裡，我們不想討論孰之責、孰有過，只是想以八字命理的觀點，來看看洪仲丘先生去世該月的運勢。

根據維基百科的資料，洪仲丘先生是一九八九年國曆9月8日出生，無法得知時辰，命盤見〈圖五〇〉。二〇一三年國曆6月間，大運、流年、流月的氣分別是：大運庚金；流年天干壬、癸並氣、地支巳火；流月天干戊土、地支午火。先別看命局，以大運、流年、流月的氣來看，天干方面戊癸合且戊土剋壬水，癸水食神、壬水傷官受傷，印剋食傷的情形是行事疏忽（如說錯話），決策失誤，流月天干的作用主要是6月前半開始（關於流月的作用期的起伏，請見〈卷之六〉第一節〉。地支方面是巳火、午火兩個正官、七殺發威，七殺星作用時，要小心小人、劫難、壓力的作用。此流月午火最強的作用期，是國曆6月20日至7月3日。以進氣來看這段期間受到小人、劫難的傷害，是十分有可能的。洪仲丘先生於國曆7月4日過世。

	元神	食神	偏印
吉	辛金	癸水	己土
時	未土	酉金	巳火
	偏印	比肩	正官

71	61	51	41	31	21	11	1
乙	丙	丁	戊	己	庚	辛	壬
丑	寅	卯	辰	巳	午	未	申

A

2013 年 6 月

大運	庚	劫財
流年	癸	食神
	壬	傷官
	巳	正官
流月	戊	正印
	午	七殺

圖 50 洪仲丘先生命盤及2013年國曆6月流月進氣

新聞提到洪仲丘先生於離營座談中仗義直言，他命局天干高掛癸水食神，食神專剋七殺，對不滿的事批評，實屬天性。但是國曆6月分，先是印剋食傷，後又七殺攻身。我們一般幫命主論命，每逢此種流月運勢，一定會提醒命主謹言慎行，小心身邊小人或劫難上身，同時要注意排遣工作上的壓力。我手邊有很多案例，提醒命主後，命主回報確實避開災禍，甚或有命主直指因為心中有提防之心，見到災禍身邊削過。逝者已矣，惟洪仲丘先生仗義直言的勇氣令人佩服，軍中制度、人權的改進，我們也確實目睹。

案例十八 兩對雙胞胎命局的省思

如果堅定認為，人出生後，一些事情的發生一定是命中註定，完全由出生時決定，比如，兒女數目都會一樣？都會同時結婚？都一定會結婚？都同時命終？都生一模一樣的病？如果是這樣，那這命理也不用研究了。關於這一點，我們在〈卷之六〉第七節「命中註定」中將進一步說明。雙胞胎的案例，對於研究這個觀點，似乎是一個很好的方向。

最近剛好遇到兩對雙胞胎，都是父母要求論命。首先，第一個案例，兩個兄弟出生時間剛好在時辰的中間，所以無疑的都是出生在相同的時辰。這兩兄弟的個性十分相似，當年參加升高中的學測，竟然分數相同。參加完大學聯考後，也都選讀物理系，分數雖然接近，但是就讀不同的大學。我請父母畫出他們臥室的圖給我看，我根據他們倆的床位，推論誰考的比較好，也被我說中（這和風水有關，不在此書討論範圍）。前些月，兩兄弟都想參加轉學考試，父母來詢問是否順利，我按照這幾個月的流年、流月進氣，告知了一些注意事項，主要是吩咐父母和他們的相處方式、督促他們讀書的方法，以及喜用顏色的使用等。一陣子之後，父母欣喜的回報都考上理想的科系，分別是南部兩個知名國立大學資工及電機系。

另一個案例，是父親因運勢不好來論命。關於他個人之前發生數個重大禍事及工作不順的時間推論，我估算的時間十分準確。他人生中順運的時間即將來臨，我鼓勵他勇敢面對未來，並幫他規畫接下數年於事業上運作的方向，結束後，看他心情好一些，我鬆了口氣。他忽然開口問我，雙胞胎的命運不是應該相同嗎？他提及他有一對雙胞胎女兒，但是兩人命運大不同，一人學業順利，另一人運勢始終不太好，甚至還因為憂鬱症，被學校通知家長帶回。我當場回答他，倘若果真如此，兩姐妹多半是出生在時辰交界處。這位父親當場打電話給太太，詢問兩姐妹的出生時間，結果說是出生於一九九二年國曆9月18日上午九點左右。早上九時，剛好在辰時和巳時的交界處，排出命盤一推敲（兩姊妹命盤請見〈圖五十一〉、〈圖五十二〉），我就說是妹妹出問題吧，爸爸說沒錯。我後來幫她進一步推論：這孩子確實個性上容易有憂鬱症。

這案例很難解，一般讀者有看懂筆者的書，多半對姐姐的命局可以理解，因為甲木對己土食神的傷害不大，這我們於合化的討論中已有說明。妹妹的己土有乙木陰對陰相剋，讀者一定說有日主丁火通關，但是年支壬水會合住丁火使它通關力量減弱。

正官	食神	元神	正印
壬水	己土	丁火	甲木
申金	酉金	酉金	辰土
正財	偏財	偏財	傷官

75	65	55	45	35	25	15	5
辛	壬	癸	甲	乙	丙	丁	戊
丑	寅	卯	辰	巳	午	未	申

每逢丙、辛年驚蟄後 27 天交脫大運

圖 51 雙胞胎姐姐的命盤

正官	食神	元神	偏印
壬水	己土	丁火	乙木
申金	酉金	酉金	巳火
正財	偏財	偏財	劫財

75	65	55	45	35	25	15	5
辛	壬	癸	甲	乙	丙	丁	戊
丑	寅	卯	辰	巳	午	未	申

每逢丙、辛年清明後 5 天交脫大運

圖 52 雙胞胎妹妹的命盤

以下我們沒有詳述推命的過程，只寫出推命的結果，期望讀者能自行檢驗是否能解出推命的過程，如果推起來游刃有餘，那就離能幫別人論命不遠了。我們推命的結果，是二〇一二年過完農曆新年開始有狀況，國曆8月暑期開始好一點，12月年底開始又轉嚴重，到二〇一三年國曆2、3月十分嚴重。爸爸說對，結果4月分學校通知要家長帶回，於是辦理休學。為何我們推論二〇一二年過完農曆新年開始有狀況呢？他不是命局中就有印剋食傷嗎？我這邊提示要注意15至20歲的大運，以及二〇一〇、二〇一一兩年流年的進氣。至於為何是4月分學校通知要家長帶回？請研究國曆4、5月流月的進氣，仔細想想，你會有很多收獲。

有些門派無法體會沒有所謂命中註定的事，有多雙胞胎的晚生者一定要算入下個時辰的說法，這一點我們無法認同。

案例十九 剛入門弟子的預測：李康生獲得金馬獎最佳男主角獎

二〇一三年金馬獎最佳男主角獎的強棒很多，入圍的有王羽、梁朝偉、張家輝、梁家輝、李康生共五位。筆者平時忙於科學研究及教書工作，對於影視新聞很少涉略，也不大有興趣。以上五位中，我只聽過王羽、梁朝偉、梁家輝，感覺上都是巨星。二○一三年國曆11月23日晚上是金馬獎的頒獎典禮，晚上約十點零八分，一位我的八字弟子用通訊軟體line傳給我的一段訊息，見〈圖五十三〉A。他問我是否有使用八字命理推測金馬獎最佳男主角得主，當時他預測是李康生得獎，傳訊給我時距離正式宣布還有個把小時（當晚約十一點三十分宣布）。今天早上看報紙，果然是李康生得獎。

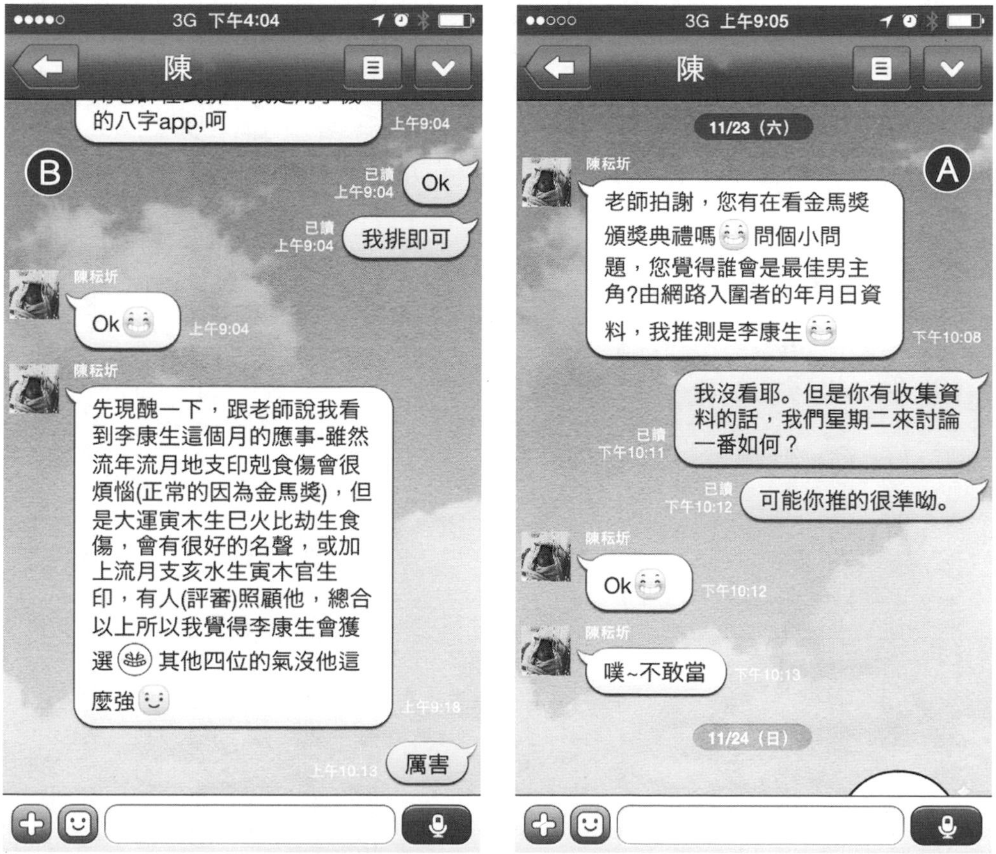

圖53 和弟子的通訊對話

這位弟子姓陳，就是〈推薦序4〉的作者陳耘圻先生。陳先生是二〇一三年國曆11月6日，正式拜我為師。原先為新竹科學園區一位晶片設計工程師，由於家庭因素，陳先生於二〇一三年國曆12月底要轉到台南科學園區工作，拜師後，他希望我能在他離開新竹前將他教會，截至頒獎典禮該日前，我花了五個晚上傳授他八字命理，已將論命的大要傳授給他。陳先生推命的說明於第二天早上傳給我，請見〈圖五十三〉Ⓑ。很多人以為八字很難，有些人說要花十年以上遍覽群書，才能有小成，這我深不以為然。傳統命理那套扶抑法、調和法本身並不科學，所以花很多時間研究，論命的功力也有限。方法對、肯花時間，不數個月就能打下良好基礎，以後論命的功力必可蒸蒸日上。

陳先生接觸八字命理時間很短，二〇一三年國曆7月間，兒子出生才開始有興趣，拜師前只有仔細讀過我的書（《科學斷八字》一版），對傳統派的論命法一無所知，學習我的論命方法，完全沒有受到傳統派的論命法的干擾。關於網路上對於今年金馬獎最佳男主角獎的命理預測，讀者可以自行上網看看。

〈圖五十四〉是李康生先生的命盤。二〇一三年為癸巳年，李康生先生大運寅木生巳火，本來就是比肩生食神，名氣高透的好運道。李康生先生命盤地支戌土生申金，聚氣於申金，每逢亥水的大運、流年、流月進氣，就是官印相生的好運到。本月命局地支戌土生申金，生流月亥水、再生大運寅木、再生流年巳火，整個走順了，聚氣於巳火食神，名氣高透的運勢氣不可擋。同時天干正印氣旺，有機緣接引貴人之氣，當然可以得到評審青睞。

補充一下，李康生先生二〇〇七年自編、自導、自演的電影《幫幫我愛神》入選第六十四屆威尼斯影展正式競賽片，當年的丁亥年，流年地支亥水進氣，也印證亥水之氣一來，李康生先生的好運也來。預祝他事業順利！以上討論尚缺出生時柱兩字，僅供參考，若有精確的出生時間，當可做出更多分析。

	元神	偏印	偏財
吉	甲木	壬水	戊土
時	子水	戊土	申金
	正印	偏財	七殺

A

2013 年 11 月

大運		
	寅	比肩
流年	癸	正印
	巳	食神
流月	癸	正印
	亥	偏印

圖 54 李康生先生命盤及 2013 年 11 月流月進氣

案例二十　八字命理看印象派大師莫內的生平

印象派大師莫內的作品曾在國立歷史博物館展出，莫內是法國最重要的畫家之一，印象派的理論和實踐大分都有他的推廣。筆者在前去觀賞之前，特別查閱了莫內的生平與事蹟。莫內出生於一八四〇年11月14日，基於命理研究者的好奇心，我們便著手排了莫內的命盤，見〈圖五十五〉。一個桀傲不馴，努力不懈，勇於衝撞傳統又不斷創新，滿懷抱負卻又滿腹牢騷，搓合狂悲狂喜，追求完美，卻難以滿足的衝突性格的命盤呈現眼前。至此，心中浮現一股了然於心的明白，原來衝突與創新，是莫內源源不絕創作的原動力。

偏印	元神	比肩	正財
乙木	丁火	丁火	庚金
巳火	丑土	亥水	子水
劫財	食神	正官	七殺

79	69	59	49	39	29	19	9
乙	甲	癸	壬	辛	庚	己	戊
未	午	巳	辰	卯	寅	丑	子

每逢戊、癸年芒種後21天交脫大運

圖55　印象派大師莫內命盤

談到莫內命局，年月日干支為，庚子、丁亥、丁丑、乙巳（巳時出生為根據生平推出）。天干呈現丁火剋庚金，比肩剋正財的格局。這意味著莫內一生財來財去，守財不易，妻緣淺薄相守難。莫內第一任妻子卡蜜兒，在32歲即辭世。第二任妻子愛麗絲・霍西德，則與他渡過較長的同甘共苦的日子。莫內賣畫收入不少，但他生性浪費，常陷入經濟拮据的窘境。他家裡要請保姆、請園丁，吃要吃山珍海味，喝要喝上等美酒，甚至還從波爾多訂購一桶桶上等酒。莫內喜愛剪裁得宜、質料好的蘇格蘭呢衣服。卡蜜兒習慣買成套昂貴的衣服，穿得美美的，當莫內的模特兒。加上經年累月的旅行畫畫，都要花錢。莫內家中食指浩繁，與卡蜜兒的兩個兒子，還有愛麗絲的六個孩子，讓莫內為張羅食衣住行，煞費苦心。

地支丑土剋子水、亥水，食神剋正官、七殺。特立獨行的莫內，不想和古典學院派藝術家為伍，自然被摒棄於官方體制外。食傷剋官的表現免不了衝撞體制，顛覆傳統。食神剋七殺，正可說明莫內繪畫的開創格局與多變的創作風格。早年師承古典派，卻以印象派成名；晚年轉以蛻去物象之形，煥現其神之抽象意念，用色大膽鮮明的畫風呈現。筆者非專業藝評，在此不敢多著墨，僅就命理五行結構來解釋。食傷剋官在個性上的表現，自傲又自卑，超完美性格，永遠無法滿足現狀。莫內78歲，聲名如日中天。然而他卻告訴吉帕爾：「我不滿意過去的每一幅畫。每次我想有所改正，卻每次徒勞無功。當我開始把顏色塗上畫布時，我認定我會畫出一幅傑作；可是傑作從未產生。」終其一生，數以百計的風景畫被他亂砍或燒掉，因為他認為那些都是失敗之作，死前六個月甚至還焚毀六十餘幅畫。

以莫內命局天干走戊土大運（9至14歲），走食傷生財之運，可靠才智創意賺錢。十幾歲的莫內，即以畫地方節慶的諷刺漫畫而嶄露頭角。虛歲29至33歲，走庚金正財之運，莫內在一八七〇年（虛歲31歲），與第一任太太卡蜜兒結婚，當年命局大運、流年都是走庚金正財，果然是紅鸞星動。39至43歲，走辛金偏財之運，一八七八年中，開始大運一轉辛金，命局中的一雙丁火就開始大剋大運辛金，至一八七九年中都很嚴重，妻星受剋，一八七九年，第一任太太卡蜜兒因肺結核過世。莫內在一九一一年虛歲72時，大運為甲木、流年辛亥年，也是發生命局中的一雙丁火剋辛金，當年第二任太太愛麗絲去世。

莫內地支走寅木、卯木之大運流年，是走官印相生之好運。貴人相助，事業登上高峰。34至38歲走寅運，命局亥水生寅木，寅木生巳火，巳火生丑土。一八七四年，畫作《印象・日出》，第一次在印象派畫家展上亮相，引起廣大回響。當時的藝評家即以此題目提出了「印象派」的說法。無疑地，從此也奠定了莫內在印象派創派大師之地位。44至48歲，除了大量創作風景畫，畫作交由兩位經紀人保羅・杜朗－耶俞和柏蒂展出，在這位經紀人交相競爭之下，畫作價格越提越高，財運大為好轉。一八八六年，莫內虛歲47歲，流年地支走戌土傷官，地支食神、傷官齊備，畫風一轉，大量應用近似野獸派狂野強烈的色彩，畫下39幅生平最震撼的圖畫。

49至53歲，壬水大運，命局庚金生壬水，正財生正官，在高壓的創作張力下，莫內畫出生平最具個性、最突出、表現自我最高境界的作品，如《乾草堆》、《白楊樹》、《盧昂教堂》、《睡蓮》，都是這段時期的作品。因而確立了大畫家之地位。

59至63歲，天干癸水大運，癸水生命局中的乙木，乙木再生丁火，官生印，印生比肩，一八九九年，莫內在國際展覽中展出三幅作品，並且受推崇。並在經紀人柏蒂策畫下，與羅丹聯合展出。莫內心中認為，能和羅丹聯展，這是他此生得到最至高的榮耀。然而，大運癸水剋命局丁火，一九〇〇年後，莫內的眼睛出問題，視力日趨惡化。因為看不清楚，此時的畫作，不再呈現清晰結構，只留下大片黃色、橙色的抽象意念。為何莫內的眼睛於一九〇〇年後急速惡化呢？當年莫內虛歲61歲，其實一年半前莫內大運轉癸水，因為癸水會剋命局丁火，就是眼睛會出問題的先兆，但是因為命局時干有乙木幫癸水及丁火通關，所以暫時沒事。但是一九〇〇年為庚子年，流年庚金進氣後，庚金會合乙木使乙木失去通關的效果，因此眼睛出問題。

筆者就莫內命局與大運五行相生相剋，來解釋莫內一生的韻律。有感於命局中衝突的結構，激發大藝家一生充沛的創作能量。命局中嚴重剋財，因為財運困乏，得不停畫畫，不停賣畫來維持生計。嚴重食神剋官，得不停地創新、不停地突破，不斷創作令人驚嘆的傑作。然而莫內從未滿足，一輩子心受煎熬。

例二十一　失而復得

關於將大運、流年、流月的進氣和命局四柱八字合看，來分析流月應事，這是推命中計算最困難的議題之一。我們在〈卷之五〉第二節中，歸納出五項原則。其中，第一項是「天干、地支分開來看」。記得有好幾位讀者來信詢問：「天干及地支發生的氣場狀況，若是互相矛盾，該如何論斷？比如說，天干剋財，地支食傷生財，該如何提醒命主呢？」我常常這樣回答：「你應該聽過有人某段時間先是大賺錢後，又立即大損財吧！」

相關的案例，於實際幫命主論命時滿常遇到的，但是二〇一四年國曆4月遇到一個十分戲劇性的案例。此命主數月前委託我們論命，當然也順便推算今年流月要注意的事項。其中4月特別提醒恐有損財之兆，請見〈圖五十六〉的進氣狀況，該月天干剋財，地支生財。命主元神乙木，大運走巳火，流年甲（午火尚未進氣）、流月戊辰。天干甲木剋戊土，比肩剋正財，地支巳火生辰土，傷官生正財。我特別加重語氣提醒，國曆3月28日至4月14日，勿做積極性投資，以免損財。國曆4月15日至5月5日，若要投資，要想清楚方可下手。

國曆4月30日，命主LINE我，告知心情很煩，一筆出到國外的貨款3萬多塊美金，客戶一直拖款不付，躲著他，老闆要他自己認賠。他想問國曆5月底前，是否有機會收回錢？如果收不回來，就得自己賠錢了。這收不回的貨款，即是損錢之兆。筆者問他：「下半月是否有投資？」他回答：「沒有。」我回：「那好，下半月有財星，財尚未進。國曆5月5前，追款有望，得用謀略，主動出擊，積極催討。」命主當下大喜，表示不再懷憂喪志，要好好動腦筋，想策略，把錢要回來。

國曆5月2日中午，命主用通訊軟體LINE告知，貨款終於收到。這原本要飛失的錢財，命主挾強旺的食傷生財之威，以智取財，硬是把錢攔劫下來收回口袋。能幫得到命主，這當然也是一份機緣，流年癸、甲並氣，癸水是偏印，主貴人助運。倘若命主國曆5月6日以後才告之此事，流月進入己巳，一切又增添變數，這錢恐怕真要飛了。

2014年4月

大運		
	巳	傷官
流年	甲 癸	劫財 偏印
流月	戊	正財
	辰	正財

圖56 命主之該月大運、流年、流月

案例二十二 談觀氣：由日常生活的小事開始

此文章發表於二〇一六年2月之黃教授命理部落格中

日前筆者的弟子香港麥先生有分享觀察流日進氣的感想心得，筆者也來聊聊這幾天我家裡發生的小事。兒子日主甲木（〈卷之四〉第四節案例D的命主），甲木罩吊無壬水護衛，現正在走寅木大運，極怕庚金、申金七殺進氣的流年、流月、流日，每逢此氣場，不是感冒、免疫力下降，就是跌倒、摔車、骨折、筋骨挫傷。他目前走寅木大運，從去年（二〇一五年）八月申金進氣，內人總是不斷叮囑提醒他注意安全。

兒子近來迷騎公路車，常常跟著車隊挑戰尖石、宇老、北橫、羅馬公路之大滿貫行程，日行百里，樂此不疲。本月丙申年庚寅月，上半月庚金有丙火壓制沒事。內人一直謹記著流月地支寅木，在國曆2月14日進氣，要提醒騎自行車注意安全。2月13日下午外出採買，開車時還一邊想著這事，內人準備回家就跟兒子說明天起減少騎車，跟著爸爸去跑步，散散氣。到家時約下午六時許，按了門鈴要他開門，突然一陣噹啷碰撞聲，驚吼、哀嚎聲起，兒子大叫：「我跌倒，痛死了，起不來啊！」內人急著問：「頭碰著了嗎？有沒有骨折？別急著起來，等可以動，再動啊！」等了一會兒，兒子才過來開門。他歪歪斜斜走著，內人趕緊給他檢查了傷勢，還好頭沒撞倒，但頭昏耳鳴，左手臂挫傷淤青，右腳指頭指甲斷裂流血。是媽媽太烏鴉了嗎？怎麼心念才起，事情就發生了呢？說是吹濕潤的南風地滑造成。

內人給兒子擦擦藥，順道打電話給在台北小女兒（〈卷之四〉第四節案例E的命主），電話那頭傳來虛弱的聲音，說著她從中午就頭痛，現在發著高燒，所以沒去圖書館念書，喉嚨痛連水都喝不下，只能在家裡躺著。本月丙火剋庚金的應驗，親友間發生也很多，昨日我受邀到學校其他學院開會，會議主席一開始就說她過年期間每天都吃藥，還因為治不好病換了好幾次藥，原因是鼻竇發炎引發肺炎，開會期間咳嗽不斷。內人本月也發生便秘的狀況。我本人月初有咳嗽的狀況，慢跑數次才有改善。

2月14日丙寅日，寅木的氣提前至前一天戌時進氣，氣場一直都在，我們看不到、聽不見、摸不著，我們只能藉由身邊發生的事來應證。不過，雖然沒躲過七殺的力量，但我心存感激，氣場一定會作用，我們有提防、有警覺，傷害自然能減輕。本月丙申年庚寅月，天干地支丙、庚、申、寅，陽對陽正剋沖的猛爆氣場，似乎也顯現在大事上，如台南大地震、龍潭除夕夜縱火滅門案、A型流感的猖狂等等，都有關連，而我們身邊的親友，在這樣的氣場下，也或多或少有些事情發生，不妨問一問，關心一下，可以得到一些應證，這是研究及學習命理一定要做的事。

案例二十三　當災難來臨：六名打火英雄殉職及齊柏林導演隕落

筆者與弟子們在社群網站中常常一起分享及討論案例。二〇一五年國曆六月底，台灣發生了令人錯愕也震驚的「八仙塵爆事件」。弟子在我們的社群網站中提出一個疑問：發生此類事件被捲入的人數眾多，是否每個人的運勢都可由八字、大運、流年、流月、進氣來看出端倪？類似的事件有空難、船難、火災、地震、海嘯等，捲入災難的人眾多。

長久以來，我們一直以科學態度來印證八字命理學，類似的事情我們一直都想一探究竟。然而因為人數眾多，要收集這些人的生辰八字十分困難，所以在未能得到足夠的資料之下，不能妄下定論。多番討論之後，一位弟子陳先生提出二〇一五年一月下旬（甲午年丁丑月）桃園市六名打火英雄殉職事件，新聞報導中列出了他們的國曆生日，我便著手排出命盤，一一檢視。

根據過往論命的經驗，命主發生各式意外無非是和「七殺強旺攻比肩」遭遇災難或「印剋食傷」判斷錯誤有關。當我逐一的檢視六位殉難者的命盤，越分析越明瞭，我們的理論與事實的呈現十分吻合。六位當中，四位呈現嚴重的七殺攻身、兩位是印剋食傷判斷失誤（其中有一位兩項都有發生）。在危急的火災現場，任何的失誤都可能導致嚴重的死傷。然而不幸的是這六位的命局和大運、流年、流月的運勢走向都出現了危險的訊號。一場悲劇就此發生，六條年輕的生命因而殞落。

(一)張員：一九九三年3月9日出生

命局天干癸水生乙木剋己土，財生七殺剋元神，呈現壓力、小人、意外容易近身的命局。大運壬水生流年甲木，官星增強，而且流年甲正官、乙木七殺並氣，加強官殺星的力量，此命局在乙木進氣的時刻本來就是危險。火災發生在二〇一五年1月20日凌晨，丁丑月的下半月，丁火本可以消去乙木七殺的戾氣，但是大運壬水合去丁火減少他通關的力量，擋不了這來勢洶洶的官殺劫難。消防員是高風險的職業，這樣的命局從事這樣的行業，要很小心警覺，否則很容易出事。

偏財	七殺	元神	
癸水	乙木	己土	吉
酉金	卯木	丑土	時
食神	七殺	比肩	

2015 年 1 月

大運	壬	正財
流年	甲	正官
	乙	七殺
流月	丁	偏印
	丑	比肩

（二）陳員：一九八九年3月9日出生

大運甲木七殺，流年甲木七殺、乙木並氣的不利狀況下，大運流年均為甲木七殺剋戊土元神，丁火正印陰陽對不上無法幫甲木通關，處於危險中，出事的訊號很明顯。

	元神	正印	劫財
吉	戊土	丁火	己土
時	辰土	卯木	巳火
	比肩	正官	偏印

2015 年 1 月

大運	甲	七殺
流年	甲 乙	七殺 正官
流月	丁 丑	正印 劫財

（三）蔡員：一九九四年6月21日出生

命局天干戊土生庚金剋甲木，對甲木七殺是有抵抗的能力。然而，地支寅木剋戊土，還是七殺剋比肩。關鍵在流年甲木、乙木並氣，庚乙合造成乙木拉住命局庚金，雙甲木剋戊土，嚴峻的七殺攻身，十分危險。值得注意的是，申金大運才剛剛上運沒幾天，而前一個大運壬水的加強甲木的力量累積五年。七殺勢強，命主難以抵抗。

七殺	食神	元神	
甲木	庚金	戊土	吉
戊土	午火	寅木	時
比肩	正印	七殺	

2015年1月

大運		
	申	食神
流年	甲	七殺
	乙	正官
流月	丁	正印
	丑	劫財

（四）曾員：一九八八年12月12日出生

此命局於事發該月流年乙木生流月丁火剋元神辛金七殺攻身嚴峻，同時流月丑土剋命局子水，加重印剋食傷。

	元神	正財	正印
吉	辛金	甲木	戊土
時	丑土	子水	辰土
	偏印	食神	正印

2015 年 1 月

大運		
	寅	正財
流年	甲	正財
	乙	偏財
流月	丁	七殺
	丑	偏印

（五）謝員：一九八六年9月15日出生

此命局於事發該月大運庚金剋流年甲木且合剋乙木、甲乙木均傷，十足的印剋食傷嚴峻，此月當危急發生之時刻，很難做出正確的判斷。一般命主逢到類似的狀況，我都會告知要注意精神力不足，判斷決策要小心。

	元神	正財	偏財
吉	壬水	丁火	丙火
時	戌土	酉金	寅木
	七殺	正印	食神

2015 年 1 月

大運	庚	偏印
流年	甲	食神
	乙	傷官
流月	丁	正財
	丑	正官

（六）陳員：一九九三年8月3日出生

流年甲木合己土，又乙木剋己土，呈現嚴峻印剋食傷的狀況。由於年紀輕，擔任消防員資歷尚淺，在經驗不足的情況下，面對突如其來的危險，無法立即應變，而讓無情之火吞噬生命。為何大運及流月的丁火沒有發揮通關的效用呢？多半和命局時干有關，讀者可以想想時干為何？

	元神	傷官	正官
吉	丙火	己土	癸水
時	辰土	未土	酉金
	食神	傷官	正財

2015 年 1 月

大運	丁	劫財
流年	甲	偏印
	乙	正印
流月	丁	劫財
	丑	傷官

有「一代空拍大師」的美譽的齊柏林導演，於二〇一七年6月10日搭乘凌天航空空拍直升機，在拍攝代表作《看見台灣》續集《看見台灣Ⅱ》的空中勘景途中，於花蓮縣豐濱鄉長虹橋附近山區墜機殉難，享年52歲，震驚全台灣。察看其命局庚金日主，命局天干有甲木生丙火七殺，發生意外當月是丙午月，流月七殺進氣。

	元神	七殺	偏財
吉	庚金	丙火	甲木
時	戌土	子水	辰土
	偏印	傷官	偏印

2017 年 6 月

大運		
	巳	七殺
流年		
	酉	劫財
流月	丙	七殺
	午	正官

以上的論命，讀者只要讀懂本書，確實遵循書中所提的論命法則來推演，便可知曉絕非胡謅、亂言。若是隨機取社會上六名人士命局，要同時在某月出現類似的情形以數學的排列組合來看，機率十分低。當然若是某人命局出現類似的氣場作用未必一定會發生嚴重禍事，這我們在書中〈卷之六〉第七節「命中註定？」一文中有討論，但若能謹慎行事，善用「導氣」法則（書中〈卷之八〉），則避免禍事大有可能。無論如何期待以後類似事件再也不會發生在社會上。

案例二十四 論命實例：麥克喬丹

本文為筆者弟子書雨所著，由筆者審校

麥克喬丹（Michael Jordan）於一九六三年2月17日未時 出生在美國紐約州布魯克林，他是NBA史上最偉大球員之一。他是個天生擁有運動才能的天才型運動員，更是全球公認實至名歸的籃球界天王巨星，不但賺進滿滿的財富而且世界各地的粉絲眾多。

麥克喬丹成名非常早，成名過程一路發展順利，卻在職業球員事業如日中天時兩次宣布退休又兩次復出。尤其首次退休後的復出還能再度帶領球隊建立連霸冠軍王朝的事蹟，更為世人所津津樂道。他的魅力橫掃世界籃壇，對職業籃球運動在全球之推廣與發展有著不言可喻的影響與貢獻。此外，麥克喬丹的感情與婚姻生活也十分具有話題性，與前妻離婚據傳讓他創下當時付出最高額贍養費的紀錄，然而離婚之後的他，在已至知天命之年齡時又再婚，迎娶年紀小他十六歲的古巴籍模特兒。

有關這位籃球天王的職業生涯發展歷程與生活上的重要情節，在〈圖五十七〉的命局中記錄得十分清楚，以下我們就一起來看。

偏財	元神	正財	食神
乙木	辛金	甲木	癸水
未土	卯木	寅木	卯木
偏印	偏財	正財	偏財

85	75	65	55	45	35	25	15	5
乙巳	丙午	丁未	戊申	己酉	庚戌	辛亥	壬子	癸丑
偏財 正官	正官 七殺	七殺 偏印	正印 劫財	偏印 比肩	劫財 正印	比肩 傷官	傷官 食神	食神 偏印

每逢丁、壬年立夏後 2 天交脫大運

C 1998 年

大運	庚	劫財
流年	戊	正印
	寅	正財
流月		

B 1995 年 3 月

大運		
	亥	傷官
流年	甲 乙	正財 偏財
	戊 亥	正印 傷官
流月	己	偏印
	卯	偏財

A 1993 年 10 月

大運		
	亥	傷官
流年		
	酉 戌	比肩 正印
流月	壬	傷官
	戌	正印

圖 57 麥克喬丹的命局

命局天干甲木正財安坐無傷，且辛金癸水乙木一路順生，聚氣於乙木偏財，命局本來就有十分明顯的食傷生財。財星強旺代表麥克喬丹物質欲望強烈，喜歡享受，可能容易有女人緣或甚至多情風流，但對一個明星運動員來說，財星也代表粉絲，所以也顯示身為籃壇明星的他能擁有眾多的粉絲。辛金生癸水食神，食神星強，能夠擁有才華，對運動員而言，代表他是個與生俱來就很有天分的運動員。

地支月令為正財格，但兩個卯木偏財剋未土偏印，有財破印的現象，印星代表的是穩定，被財星所破就容易好動而停不下來，另外也容易有賭博的行為或嗜好。此命局的地支組合，只要行運時有申金、酉金進氣剋伐地支寅木、卯木，構成比劫剋財時，就非常容易損財，尤其地支還有未土生酉金，而酉金會更有力，一旦剋命局地支的兩個卯木就會特別嚴重，不只對財物或投資會造成負面破壞，而且也容易影響男命的婚姻或感情。

麥克喬丹成名很早，15至25歲的壬子大運皆為食神傷官，且壬水傷官生命局的甲木正財，子水食神生命局的兩個卯木偏財，這個階段的食傷生財，讓他年輕就能名利雙收，靠著運動天分的發揮，賺進大把大把的鈔票。

接著，25至30歲的辛金大運，辛金生命局的癸水食神，繼續強化命局中癸水食神生乙木偏財的順生結構。30至35歲又是亥水傷官大運，亥水生命局的寅木正財，再度構成傷官生財的組合。

大運讓麥克喬丹連續發揮二十年（15至35歲）的食傷生財，淋漓盡致地向世人展現他與生俱來的籃球天賦。從青年時期就開始的二十年大運，正是一個運動員身體與精神狀況，從展露頭角到邁向人生巔峰最精華的一段時間。

值得一提的是，在這黃金二十年中，如日中天的麥克喬丹卻於一九九三年10月第一次宣布退休，當時他表示對籃球已失去熱情，後來又有他父親遭遇刺殺也是退休原因之一的說法。但當時外界推測，麥克喬丹的賭博負面新聞纏身是其突然宣布退休的重要原因。直到一九九五年3月18日，麥克喬丹正式宣布回歸公牛隊，之後再次帶領公牛隊宰制了當時的NBA戰場。

見〈圖五十七〉Ⓐ，一九九三年（癸酉年）10月（壬戌月），此時流年地支有酉金及已經先進氣的戌土並氣，再加上流月地支也是戌土，戌土正印強烈剋伐大運地支亥水傷官，構成印剋食傷的信息，印剋食傷使得麥克喬丹心情鬱悶不佳。同時，酉金比肩剋命局地支的兩個卯木偏財，此時剋伐卯木的酉金還被命局地支的未土所生，構成強力的比劫剋財，這個組合可能讓麥克喬丹萌生不為五斗米折腰的念頭，再多優渥的物質條件也無法激發他繼續留在賽場奮鬥的動力。然而，比劫剋財也同時代表著與財物損失相關的問題，再加上此時期印剋食傷的影響，代表名聲的食傷星受損，或許某種程度上也能解釋，為何當時外界推測他是因為賭博的負面新聞纏身而萌生退意。

一九九五年（乙亥年）3月（己卯月），見〈圖五十七〉Ⓑ，流年天干乙木與地支亥水都於前一年就進氣，乙木偏財被命局的食神所生，亥水傷官更是連同大運地支直接生命局的寅木正財，天干地支都構成食傷生財的氣場，財星一但生旺，賺錢及物質享受的欲望就會提升，所以重新激起拚搏的鬥志而重返賽場。此時天干及地支也有財破印的情形，一定是靜不下來。

走過二十年吉運後，35歲開始的庚金大運，庚金劫財直接大剋命局天干甲木正財。一般而言，命局出現比劫剋財的信息，就要特別注意損財的狀況，同時，男命更要留意婚姻或與另一半相處的問題。麥克喬丹35至40的庚金大運，庚金劫財正剋命局天干甲木正財，幾乎無轉化，所以與當時妻子的婚姻關係在此運就可能產生變化與危機，後來在二〇〇二年（虛歲40歲）時，麥克喬丹的前妻（Juanita Vanoy）第一次提出離婚。

同樣在庚金大運期間的一九九九年1月13日，麥克喬丹再次宣布退休，此次的退休也等於正式宣告了NBA公牛王朝的結束。由於當時尚未交立春，所以仍在戊寅年的年末，見〈圖五十七〉Ⓒ，延續自一九九八年戊寅流年的戊土正印生大運庚金劫財，庚金更有力剋伐命局的甲木財星，如此強烈的比劫剋財，容易讓這樣一個孤獨王者般的天才運動員覺得賽場幾無挑戰性可言，跟第一次退休有著類似的命局訊息，讓麥克喬丹萌生掛冠之意，再次宣布退休。

接下來的大運酉金、戊土、申金、丁火，對麥克喬丹來說，都無法像年輕時黃金二十年吉運那般輕鬆順遂。

申金與酉金比劫星剋命局的寅木、卯木財星，又是比劫剋財的狀況。戊土則會剋合命局天干癸水食神，食神一旦受傷，就失去在命局天干的通關角色，使得辛金剋乙木的狀況發生，還是擺脫不了比劫剋財的窘境。尤其在戊土大運時，行運若再遇流年庚金進氣，庚金劫財再剋命局天干甲木正財，比劫剋財讓甲乙木皆受傷，破財的情形就比較難以避免。

特別是進入丁火大運時更需注意，此時命局的辛癸乙順生丁火，變成聚氣在丁火七殺，七殺為劫難、小人之訊號，尤其麥克喬丹命局天干沒有印星護身，更是增添此運的煩惱，並可能因而衍伸諸多隱憂或身體上的問題。

綜觀麥克喬丹的命局，從15至35歲的二十年大運，是他一生中最能展現命局正面特質的一段時間，這個年紀又剛好是一個運動選手能在職業生涯盡情發揮的黃金時期，與生俱來的個人天賦再配上命運的巧合安排，同步造就出這麼一個有時代意義的偉大籃球運動員，在全球職業籃壇最高殿堂的NBA寫下璀璨輝煌的一頁。

案例二十五 永遠的埃及豔后：依莉莎白．泰勒

依莉莎白．泰勒（Elizabeth Taylor），好萊塢傑出的影星，一九四二年童星出道，一九五〇年代和一九六〇年代是她的演藝事業最顛峰時期。一九六〇年以《青樓豔妓》和一九六六年《靈欲春宵》獲得奧斯卡影后殊榮。然而，讓人津津樂道是她豐富的情史，一生結過八次婚，有過七個丈夫，多彩多姿的婚姻生活，堪稱傳奇。經考證依莉莎白．泰勒為西元一九三二年2月27日丑時出生★，八字如下，見〈圖五十八〉：

★根據ASTRO DATABANK（https://www.astro.com/astro-databank/）收集的資料，網站標示的可信度等級（Rodden rating）為AA級，是最高正確度。

正財	元神	偏財	偏財
癸水	戊土	壬水	壬水
丑土	午火	寅木	申金
劫財	正印	七殺	食神

88	78	68	58	48	38	28	18	8
癸巳	甲午	乙未	丙申	丁酉	戊戌	己亥	庚子	辛丑
正財 偏印	七殺 正印	正官 劫財	偏印 食神	正印 傷官	比肩 比肩	劫財 偏財	食神 正財	傷官 劫財

每逢甲、己年立夏後 16 天交脫大運

圖 58 依莉莎白．泰勒的命局

依莉莎白・泰勒天干戊土合剋癸水，剋雙壬水，財星受剋，可以說明大明星生活豪奢，日擲千金，花錢似流水。地支申金食神，是才智、藝術之星。依莉莎白・泰勒靈秀的氣質，精湛的演技，正是食神之美的表現，與天賦的才能。地支申金剋寅木，食神剋七殺，代表她是聰明有想法，主觀意識強，顛覆傳統，不墨守成規的時代新女性。然而，食神剋七殺，官星受剋，對情人標準高，難以取悅，情感相處上採強勢地位，而導致婚姻難守易離。這可以說明玉婆為何有七任丈夫，八次婚姻了。地支午火正印安坐，為人仁慈善良，誠懇守信。一九八〇年代起，依莉莎白・泰勒投身慈善公益事業，經常舉辦慈善晚宴募款，而後發展為美國愛滋病研究會，致力於預防和治療愛滋病。

筆者對依莉莎白・泰勒精彩的婚姻，感到相當的好奇。特別將泰勒每次結婚時和離婚時的大運、流年、流月，一一列出，仔細分析判讀，得到一個結論。依據依莉莎白・泰勒的命盤，當官星起（天干走甲木、乙木，或地支走寅木、卯木、亥水的大運、流年、流月）就會開始一段新婚姻。至於離婚，泰勒命局地支申金剋寅木，食神剋七殺，本來就不利婚姻，若是地支食神力量爆起（地支走辰土、戌土、申金的大運、流年、流月，申金食神的力量加強時），寅木七殺受剋嚴重時，就很容易離婚。

依莉莎白・泰勒第一段婚姻：一九五〇年5月6日，至一九五一年1月29日（兩百六十八天）。一九五〇庚寅年，依莉莎白・泰勒虛歲19歲，庚金大運。地支寅木進氣是一九五〇年2月到一九五〇年8月，七殺星起，官星強旺。依莉莎白・泰勒紅鸞星動，當

A 1950 年 5 月

大運	庚	食神
流年	庚	食神
	寅 丑	七殺 劫財
流月	辛	傷官
	巳	偏印

B 1951 年 1 月

大運	庚	食神
流年		
流月	己	劫財
	丑	劫財

C 1952 年 2 月

大運	庚	食神
流年	壬 辛	偏財 傷官
流月	壬	偏財
	寅	七殺

D 1956 年 8 月

大運		
	子	正財
流年	丙	偏印
	申	食神
流月	丙	偏印
	申	食神

E 1956 年 11 月

大運		
	子	正財
流年	丙	偏印
	申 酉	食神 傷官
流月	己	劫財
	亥	偏財

F 1958 年 3 月

大運		
	子	正財
流年		
	戊 酉	比肩 傷官
流月	乙	正官
	卯	正官

圖 59 依莉莎白・泰勒的大運、流年、流月

年5月結婚（如〈圖五十九〉A）。寅木8月走完，官星弱了，一九五一年1月底離婚（如〈圖五十九〉B），結束兩百六十八天的短暫婚姻。

依莉莎白・泰勒第二段婚姻：一九五二年2月21日，至一九五七年1月30日（4年兩百二十六天）。一九五二年依莉莎白・泰勒虛歲21歲，庚金大運，壬辰年，壬寅月（如〈圖五十九〉C）。寅月，七殺星起，依莉莎白・泰勒結了第二次婚。壬辰年辰土進氣的時間是是一九五二年4月到一九五二年10月，這段時間外氣辰土生地支申金剋寅木，食神剋七殺嚴峻，是不利婚姻的。然而，此時，泰勒剛好懷孕了。孩子是維繫婚姻的鎖鍊，長子在一九五三年1月6日生出生，安然度過婚姻的危險期。泰勒一九五五年2月27日生下次子。然而，到了一九五六年8月，（如〈圖五十九〉D），丙申年丙申月，丙申年申金進氣8月到隔年5月，地支外氣流年申金再剋命局寅木，食神剋七殺，官星受剋，到了一九五七年1月這段婚姻畫下句點。一九五七年11月為已亥月，亥水偏財為流年地支申金剋寅木偏官有短暫通關的效果，這和第三段婚姻有關。

依莉莎白・泰勒第三段婚姻：一九五七年2月2日，至一九五八年3月23日（1年49天）。第三段婚姻其實是奉子成婚。泰勒的女兒在一九五七年8月6日出生，往前推算10個月孕程，應該在前一年，11月左右懷孕的。如〈圖五十九〉E，當時是丙申年，已亥月，外氣申金生亥水，亥水再生命盤的寅木，食傷生財，財生七殺，官星聚氣強旺，泰勒有了新的追求者。見〈圖五十九〉F，一九五八年3月底，子水大運，戊戌年，流年天干戊土

A 1959 年 5 月

大運		
	子 正財	
流年	己 劫財	亥 偏財
流月	己 劫財	巳 偏印

B 1964 年 3 月

大運	己 劫財	
流年	甲 七殺 癸 正財	
流月	丁 正印	卯 正官

C 1974 年 6 月

大運		戊 比肩
流年	甲 七殺	寅 七殺 丑 劫財
流月	庚 食神	午 正印

D 1975 年 10 月

大運		戊 比肩
流年	乙 正官 丙 偏印	
流月	丙 偏印	戊 比肩

E 1976 年 8 月

大運		戊 比肩
流年	丙 偏印	辰 比肩
流月	丙 偏印	申 食神

圖 60 依莉莎白．泰勒的大運、流年、流月

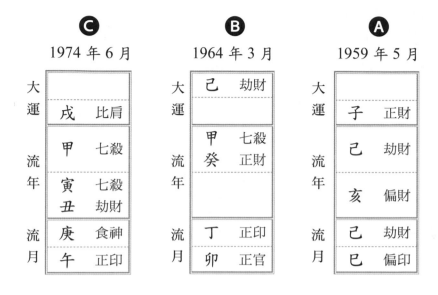

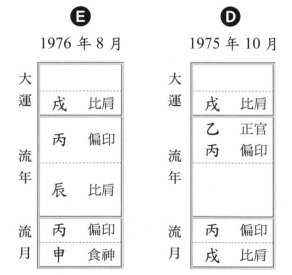

空氣，地支有戌土（一九五七年10月至一九五八年4月進氣）及酉金，乙卯月，流年地支戌土生命局申金，食神聚氣持續大剋七殺，年紀很大的先生Mike Todd竟然在空難中逝世，官星被剋夫運不佳。然而這裡有一個有趣的現象，地支寅木七殺被剋，與先生離婚。3月（乙卯月），天干乙木正官，地支子水生卯木，正官聚氣，正官強旺，莫非同時依莉莎白．泰勒也有新的追求者，另起一段新戀情？

依莉莎白．泰勒第四段婚姻：一九五九年5月12日至一九六四年3月6日（4年兩百九十九天。依莉莎白．泰勒一九五九年5月結第四次結婚，見〈圖六〇〉Ⓐ，子水大運，己亥年（亥水進氣時間在一九五八年11月到一九五九年7月，一九五九年11月到一九六九年7月），亥水可以幫命局地支申金剋寅木食神剋七殺做通關，但是，前一年戊戌年，戊土走到一九五九4月才停止。戊土會剋亥水，所以，4月前，亥水發揮不了通關的作用。一九五九年5月，沒有戊土的阻礙，亥水生命局寅木，官星起，泰勒結第四次結婚。一九六四年3月6日與第四任丈夫艾迪．費舍離婚。一九六四年3月15日嫁給李察．波頓。這說明泰勒外遇李察．波頓在先，而導致離婚。一九六二壬寅年、一九六三癸卯這兩年泰勒地支都有官殺星。一九六四年丙寅月、丁卯月，都是泰勒的官殺星，官星再起，泰勒熱戀李察．波頓，與第四任丈夫艾迪．費舍離婚。

依莉莎白．泰勒第五、六段婚姻：泰勒和李察．波頓在歷經兩次婚姻後，仍是離婚收場，期間是一九六四年3月15日至一九七四年6月離婚；一九七五年10月結婚、一九七六

	A 1976年12月	B 1982年11月	C 1991年10月	D 1996年10月
大運		丁 正印	丙 偏印	丙 偏印
	戊 比肩			
流年	丙 偏印			丙 偏印
		戊 比肩	未 劫財 申 食神	
流月	庚 食神	庚 食神	戊 比肩	戊 比肩
	子 正財	戊 比肩	戊 比肩	戊 比肩

圖 61 依莉莎白・泰勒的大運、流年、流月

年8月1日離婚。一九六四年3月，見〈圖六〇〉B，天干甲木七殺進氣、地支卯木正官起，依莉莎白・泰勒嫁給李察・波頓，同年5月，泰勒的大運轉換成亥水大運，亥水可以幫命局地支申金剋寅木食神剋七殺做通關，所以，這五年的婚姻生活可謂甜蜜恩愛，風平浪靜。一九六九年5月，大運換成戊土，對婚姻沒有損傷。泰勒與李察・波頓維繫10年的婚姻誠屬難得。然而，一九七四年5月，大運轉換成戌土時，泰勒的自我意識變強，外氣戌土加強了地支食神剋七殺的力量，6月（庚午月），天干流月庚金又剋流年甲木，食神剋七殺，見〈圖六〇〉C，導致泰勒與李察・波頓十年婚姻就此劃下句點。一九七五年乙卯年天干地支都是泰勒的正官，見〈圖六〇〉D，10月雖然地支大運和流月兩戌土造成地支食傷剋官強旺，但是泰勒與李察・波

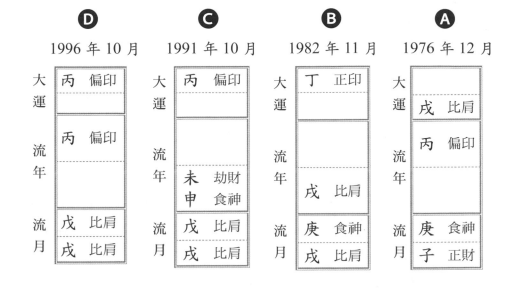

頓還是復婚，但這也造成這次婚姻的陰影。到了一九七六年8月，見〈圖六〇〉Ⓔ，大運戌土及流年辰土生流月申金食神剋命局七殺，還是離婚收場。

依莉莎白・泰勒第七段婚姻：一九七六年12月4日至一九八二年11月7日（6年34天），泰勒在一九七六年12月4日嫁給第六任丈夫約翰・華納，前一年為乙卯年，天干地支都走正官，要認識新的戀人，開始一段新感情，是很有機緣的。一九七六年12月，見〈圖六十一〉Ⓐ，大運戌土、丙辰年、庚子月，這時大運戌土還是加強命局的食神剋七殺，但是前一個月流月亥水為命局的食神剋七殺通關，該月流年丙火剋流月庚金，印剋食傷，可能有點考慮不清楚。當然地支流月子水多少有點幫忙。這段婚姻走到一九八二年（壬戌年）11月（庚戌月），見〈圖六十一〉Ⓑ，仍不敵辰土、戌土魔咒，婚姻再次觸礁。（註：有些網上的資料查出此段婚姻是一九七六年10月4日開始，首次推算感覺讓人意外，原來是錯誤的資料。）

依莉莎白・泰勒第八段婚姻：一九九一年10月6日至一九九六年10月31日（5年25天），泰勒在一九九一年10月6日嫁給第七任丈夫建築工人拉里・福坦斯基。見〈圖六十一〉Ⓒ，大運丙火，辛未年，丙火生戊土剋命局壬水，壬水偏財被剋嚴峻，這段時間泰勒是損財的。泰勒在這段婚姻中的角色，不像是丈夫的妻子，比較像是照顧者。泰勒是給錢的人，拉里・福坦斯基從泰勒這裡拿到不少的房產與錢財。一九九六年10月31日申金大運，見〈圖六十一〉Ⓓ，丙子年、戊戌月，外氣戌土生申金剋命局寅木，七殺受傷嚴重，泰勒終於又離婚。

案例二十六

論命實例：諾貝爾文學獎得主海明威

本文為筆者弟子書雨所著，由筆者審校

比肩	元神	劫財	正印
庚金	庚金	辛金	己土
辰土	寅木	未土	亥木
偏印	偏財	正印	食神

86	76	66	56	46	36	26	16	6
壬戌	癸亥	甲子	乙丑	丙寅	丁卯	戊辰	己巳	庚午
食神 偏印	傷官 食神	偏財 傷官	正財 正印	七殺 偏財	正官 正財	偏印 偏印	正印 七殺	比肩 正官

每逢甲、己年立夏後交脫大運

圖 62 海明威的命局

海明威（Ernest Hemingway, 1899–1961）是世界聞名的美國記者與作家，其用字遣詞精簡有力，文體具有剛強簡潔的特質，對二十世紀文學與英文寫作有極深之影響，更被世人譽為偉大小說家。他最有名的作品《老人與海》（*The Old Man and the Sea*, 1952）一書，在一九五三年獲得普立茲小說獎，更於翌年榮獲諾貝爾文學獎的至高榮譽肯定。海明威作品的諸多勵志內容，以及其中所刻劃出來的硬漢形象，深植於許多讀過他作品的讀者心中。

海明威於一八九九年7月21日辰時★出生在美國伊利諾伊州芝加哥市郊，小時候喜歡打獵、釣魚及露營，到學生時期即允文允武，學業與體育皆表現優異，尤其在英語方面有過人天賦。念初中時，曾幫兩個文學報社寫文章，高中畢業後未讀大學就到報社當記者，從而展開他的寫作生涯。第一次世界大戰期間，海明威志願深入前線擔任救護車司機，西班牙內戰及第二次世界大戰時，又以記者身分親赴前線，戰地見聞就成為其許多作品的創作材料，戰後則客居古巴潛心寫作。海明威喜愛香菸與美酒，一生中曾結過四次婚，堪稱情史豐富；此外，他熱愛打獵及大自然，晚年時仍常到人煙稀少之地旅行。因為曾深入前線當戰地記者，後來又常至野地旅行，海明威在各時期都留下許多身體受傷的紀錄，晚年返回美國定居後，就因舊傷及病痛纏身，精神憂鬱，最後在美國的家中舉槍自盡。這樣一位勵志作家、一代文豪，同時又參與多次戰役的美國硬漢，竟用飲彈自殺來結束英雄式燦爛的一生，著實令許多忠實粉絲感到錯愕並且百思不得其解。然而，我們可以試著透過以下的八字命局分析，探究這位文壇巨擘生命歷程背後的命理因素。

見〈圖六十二〉，此八字組合，天干正印生劫財，代表海明威命中貴人眾多，能受長輩或長官照顧，容易賺輕鬆財。地支有食神生偏財的組合，代表能以智慧與才華生財賺錢，海明威靠著自身的的創作才華出書著作且名揚世界，著實將此組合的特性發揮的淋漓盡致。

★根據 ASTRO DATABANK（https://www.astro.com/astro-databank/）收集的資料，網站標示的可信度等級（Rodden rating）為AA級，是最高正確度。

	Ⓐ 1952 年	Ⓑ 1953 年	Ⓒ 1954 年	Ⓓ 1961 年
大運			乙 正財	
	寅 偏財	寅 偏財		丑 正印
流年	壬 食神	癸 傷官	甲 偏財	庚 比肩
	辰 偏印	巳 七殺	午 正官	子 傷官

圖63 海明威的大運、流年、流月

食神生偏財同時也顯示了喜歡享受美好事物，以及好動及旅行遊樂的特性，海明威也確實對體育有興趣，喜歡大自然與旅行；另外，由於食神直接生旺偏財，財星於男命代表情人與情緣，命局中有如此旺的偏財星，更能充分解釋海明威情史豐富的人生。

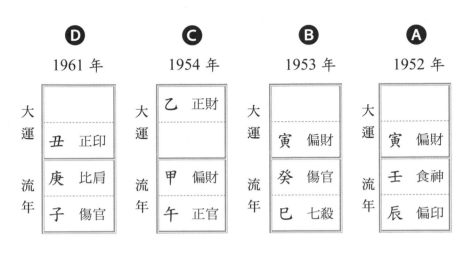

地支還有偏財剋偏印的組合，命中有財破印易讓人在生活或心靈上不安定，因為印星代表的是穩定，所以財破印會使人奔波變動、經常遠行或搬家，甚至會遠走他鄉；海明威出生於美國，但因記者工作而參與多次國外戰役，遊歷各國，並且還曾客居古巴，財破印對其命局的影響表露無遺。

一九五二年（壬辰年）出版的《老人與海》，見〈圖六十三〉Ⓐ無疑是海明威最出名與成功的作品，此年流年天干壬水進氣為他的食神星，代表著名氣高透；他命局天干有兩個庚金，還有辛金逢己土正印來生，比劫強旺有力，剛好能夠加強流年的壬水食神，強大的食神星讓他能夠透過出版此作品而帶來舉世聞名的聲譽。靠著這部中篇小說，海明威在一九五三年（癸巳年，見〈圖六十三〉Ⓑ）與一九五四年（甲午年，見〈圖六十三〉Ⓒ）連續獲得普立茲獎與諾貝爾文學獎的肯定；此時他大運走入51到55歲的寅（偏財）運，一九五三年的流年地支巳火受大運寅木所生，十分強旺，巳火七殺偏官又生命局辰土偏印，構成官印相生，隔年（一九五四年）流年地支午火正官再生命局未土正印，再次構成官印相生的組合，連續兩年的官印相生好運，當然讓海明威獲得該有的獎項肯定。

至於最讓人感到遺憾的是海明威晚年因病痛纏身，精神憂鬱，而於一九六一年飲彈自殺結束生命之事，見〈圖六十三〉Ⓓ。其實他在前一年，也就是一九六〇年（庚子年）的春天就試圖自殺，當時他已經步入61到65歲的丑土（正印）大運，庚子流年的地支子水與大運產生了子丑合的現象。子水為海明威命局的傷官，子丑合使得子水傷官被丑土正印緊密剋伐，印制食傷正是最容易造成精神憂鬱或想不開。

令人更覺得巧合的是，這波子水傷官的氣從一九五九年的12月就開始進氣，一路走到一九六〇年的7月，再從一九六〇年的12月延續到一九六一年的7月，而海明威就在這波子水的最後一個月（一九六一年7月）舉槍自盡，只差撐過那個月就可以脫離這波危險氣運的影響，或許之後就能因為沒有子水被丑土所剋的情形而帶來其他轉機，所有事情發展的結果可能就會因此而大不同。然而，人生無法重來，激勵了無數讀者的一代硬漢竟然就此離世，令所有人感到不勝唏噓。

案例二十七 荷蘭後印象派畫家文森・梵谷

初看文森・梵谷（Vincent Willem van Gogh, 1853.3.30–1890.7.29）的八字見〈圖六十四〉，不免驚呼，怎麼沒有藝術家該有的食傷聚氣精粹的八字呢？食神、傷官是才智、藝術、才能的表現。但是仔細研究梵谷的生平，可以解釋這一切。大運、流年的氣場對命主的影響與衝擊，確實是會帶來生命的轉變。根據查證梵谷命局如〈圖六十四〉。

其天干雙癸水生乙木，正官生正印優美。人品高尚尊貴，為人仁慈善良。梵谷受牧師父親的影響，23歲起開始傳道，長達五年的時間專注研究聖經，以窮人為服務的對象，不管走到哪裡，都以散播上帝福音為職志。梵谷有著充滿

正官	元神	正印	正官
癸水	丙火	乙木	癸水
巳火	申金	卯木	丑土
比肩	偏財	正印	傷官

39	29	19	9
辛亥	壬子	癸丑	甲寅
正財 七殺	七殺 正官	正官 傷官	偏印 偏印

每逢丙、辛年立夏後25天交脫大運

圖64 梵谷的命局

愛、無私、純淨、與奉獻的高尚品格。官印相生亦反應在生活上，有貴人照拂。弟弟西奧無私提供他經濟的援助，時時傾聽梵谷的心聲，在他精神脆弱時，給予支持，讓他得以無後顧之憂，專注繪畫。

然而地支卯木剋丑土，正印剋傷官，可以說明為何梵谷一輩子深受憂鬱症之苦。地支申金巳火合化作用，巳火化為亥水七殺，展現七殺個性的一面，驅使梵谷勤奮作畫，專注執著、兢兢業業、努力不懈。又命局沒有食傷生財，畫作不受重視，生前只賣出兩幅畫。

梵谷和弟弟西奧感情很好，寫給西奧超過六百五十封信中，梵谷聊著自己對畫畫的理念、思索、計畫、期許與自我剖析。這些書信被完整的保留下來，得以讓世人明白梵谷畫畫時的心境轉折：情緒亢奮時如耀眼的陽光，熱情洋溢；情緒落寞時，又如火焰燃盡後的清冷荒蕪。

梵谷命局地支卯木剋丑土，正印剋傷官，傷官是被壓抑的。才華無法發揮，創作動力也不強。但是，到了虛歲24歲走丑土傷官大運，接連25歲（丁丑年）、26歲（戊寅年）、27歲（己卯年）、28歲（庚辰年），這些流年的丑、戊、己、辰都是食神、傷官，創作能量如地底岩漿不斷蓄積，熱度升高，而終將爆發。一八八〇年，梵谷28歲，開始停止佈道，專心畫畫。就畫家而言，起步是晚的。一八八〇年後的十年，他執著而專注於他所設定的目標：「我唯一的選擇是：當個好畫家，或壞畫家。」梵谷是繪畫道路上的朝聖者，對藝術賦予堅定的信念，他寫給西奧的信中說著：「我已經在我的工作中找到可以寄託心靈的一些東西。我覺得受到鼓舞激勵，並且尋到了生命的意義。」

29歲開始走壬水七殺大運，梵谷全神貫注作畫，越是投入，越是起勁的工作，他命局天干沒有甲木及戊土來消去壬水七殺的戾氣，造成內心的莫名壓力，越是將他帶往緊張崩潰的邊緣。命局同時卯木剋丑土的正印剋傷官，憂鬱的心情也難免。

梵谷36歲（一八八八年，戊子年）、37歲（一八八九年，己丑年），見〈圖六十五〉Ⓐ Ⓒ，是梵谷最關鍵的兩年，創作最充沛，數量最多，最代表的作品都在此時出現。然而，此時他也深受精神疾病的催殘，情緒時而抑鬱沮喪，時而狂躁失常，甚至精神崩潰，數度住進精神病院。戊子年走子水正官大運，8月他搬到南法阿爾的黃色房子，專心作畫，戊子流年戊土食神催化，創作能量激增，靈感源源不絕。他還邀畫家高更前來同住，共組畫家協會，一同作畫。然而，大運、流年子水卻加重命局地支卯木剋丑土正印剋傷官的力量，心情鬱悶，人事煩惱。與高更個性不合，相處衝突不斷。在當年12月（子月），見〈圖六十五〉Ⓑ，與高更激烈爭吵後，竟割下自己的左耳，此時天干有甲木剋戊土、地支有三個子水生命局卯木剋丑土，印剋食傷十分嚴重。到一八九〇年7月27日開槍自殺前，他總共發生了四次嚴重的精神崩潰（時間點都在子、丑、未月間），他說：「我覺得沮喪悲哀，非筆墨所能形容，如溺大海之中。」

一八八九年流年己丑，大運子水，命局天干雙癸水生乙木聚氣外打流年己土傷官所造成的正印剋傷官，地支走流年丑土剋大運子水，傷官剋正官，梵谷的精神狀況在抑鬱與狂燥之間來回擺盪，十分辛苦。在精神稍微正常、不錯亂時，就請求醫生讓他畫畫。不眠不休、如癡如狂、拼命畫畫，內心狂燥炙熱，精神緊繃專注。當壓力大到崩潰，精神緊繃到斷線，

	1888 年 Ⓐ	1888 年 12 月 Ⓑ	1889 年 Ⓒ	1890 年 7 月 Ⓓ
大運				
大運	子 正官	子 正官	子 正官	子 正官
流年	戊 食神	戊 食神	己 傷官	庚 偏財
流年	子 正官	子 正官	丑 傷官	寅 偏印
流月		甲 偏印		癸 正官
流月		子 正官		未 傷官

圖 65 文森．梵谷的大運、流年、流月

就休息接受治療，他甚至改變畫畫風格，他說：「我在巴黎學的技法都消失了，我已經回歸到認識印象派畫家以前在家鄉時的理念。」「我要畫得很簡單，讓每個人一看就懂。」在聖雷米療養院這一年，他畫了一百五十幅畫、一百幅的素描。有名的畫作如《星空》、《桃花盛開的克勞》、《麥田李的絲柏樹》、《大峽谷》、《渥維斯的教堂》、《嘉塞醫生》都是此時的作品。

一八九〇年7月，見〈圖六十五〉Ⓓ，梵谷畫完《滿天陰霾時的麥田》，畫裡傳達騷動不安的情境，隱約透露這是梵谷的最後絕唱。梵谷自述：「變了臉的天空下是一大片麥田，我不必用別的方法，已然足夠表達我的悲哀和極度的寂寞。」梵谷燃盡生命最後的熱情，如油燈將滅，氣若游絲，雖拼命的抵抗，仍不敵憂鬱的漩渦，捲入谷底深淵。兩個星期後，梵谷舉槍自盡，徒留給世人悲嘆與惋惜。此時命局和大運、流年、流月的作用依舊是天干印剋食傷、地支傷官剋正官。

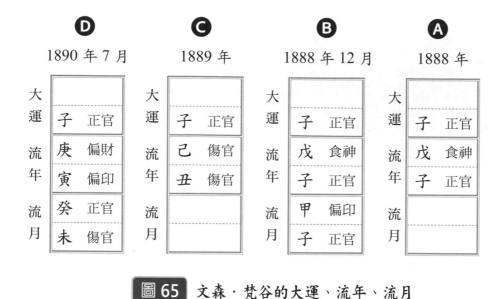

案例二十八 二〇一六年美國總統大選：川普對希拉蕊

川普在一九八七年第一次公開表達對競選公職的興趣。他在二〇〇〇年贏得了兩場改革黨的初選，但在早期就退出了競選。二〇一五年6月，他開始了自己的二〇一六年總統選舉活動，並迅速成為共和黨初選中17位候選人中的領先者。他最後的競選對手在二〇一六年5月中止了競選活動，7月時他在共和黨全國黨代表大會上獲得共和黨提名為正式的總統候選人。

二〇一六年，希拉蕊捲土重來，於美國民主黨總統初選中勝出，成為美國史上首位女性主要政黨總統候選人。同年年底，總統選舉希拉蕊領先共和黨對手唐納・川普近兩百八十七萬普選票，但掌握的選舉人票不如川普而敗選。

根據ASTRO DATABANK（https://www.astro.com/astro-databank/）收集的資料顯示川普出生日期及時間為一九四六年6月14日10點54分，網站標示的可信度等級（Rodden rating）為AA級，是最高正確度）。川普的命局如〈圖六十六〉所示。月干甲木化戊土劫財、年干丙火正印及時支巳火正印、月令午火偏印安坐無傷，命局印星強旺。印星強旺的人對於房地產經營通常有興趣，也大多很有成就。他在全世界經營房地產、賭場和酒店成為巨富，如命局所看到。同時命局天干及地支比劫強旺，個性上有自我想法、不受人影響，有點小聰明。二〇一四年4月大運轉到辛金，和命局天干兩己土感應，走向名氣高透的運勢。二〇一五年乙未流年，大運辛金克乙木，食傷剋官，以特立獨行氣勢走向總統大選。

比肩	元神	正官	正印
己土	己土	甲木	丙火
巳火	未土	午火	戌土
正印	比肩	偏印	劫財

89	79	69	59	49	39	29	19	9
癸卯	壬寅	辛丑	庚子	己亥	戊戌	丁酉	丙申	乙未
偏財 七殺	正財 正官	食神 比肩	傷官 偏財	比肩 正財	劫財 劫財	偏印 食神	正印 傷官	七殺 比肩

每逢甲己年清明過後29天交脫大運

A

2016年11月

大運	辛	食神
流年	丙	正印
	申	傷官
	酉	食神
流月	己	比肩
	亥	正財

圖66 川普的命局及2016年11月大運流年流月進氣

偏印	元神	食神	正印
丙火	戊土	庚金	丁火
辰土	寅木	戊土	亥水
比肩	七殺	比肩	偏財

86	76	66	56	46	36	26	16	6
己 未	戊 午	丁 巳	丙 辰	乙 卯	甲 寅	癸 丑	壬 子	辛 亥
劫財 劫財	比肩 正印	正印 偏印	偏印 比肩	正官 正官	七殺 七殺	正財 劫財	偏財 正財	傷官 偏財

每逢丁壬年驚蟄後 21 天交脫大運

A

2016 年 11 月

大運	丁	正印
流年	丙	偏印
	申 酉	食神 傷官
流月	己	劫財
	亥	偏財

圖 67 希拉蕊的命局及 2016 年 11 月大運流年流月進氣

希拉蕊的出生日期為一九四七年10月26日，但是出生時間不是很確定。根據ASTRO DATABANK收集的資料顯示，她的出生日時間為8點14分，但是網站標示的可信度等級（Rodden rating）為DD級，表示可信度不高，而且在不同的來源有衝突。兩說各為早上八點及晚上八點，若是晚上八點則此命局天干食傷生財強旺，希拉蕊一直在工務部門服務，推論多半是辰時出生，見〈圖六十七〉。她虛歲36至56歲走二十年的官殺大運，和她的生平相符合。此命局天干丙火、戊土、庚金順生聚氣食神，果然是口才便給的聰明女士。同時地支聚氣七殺，是個執行力十分強的人。一九七四年，她參與美國眾議院司法委員會就水門事件彈劾尼克森總統的調查，從而開始她的從政生涯。該年流年甲寅，甲木和命局天干丙火官印相生，隔年乙卯年，流年乙木又和命局天干丁火官印相生，確實是好運道。希拉蕊每逢甲、乙兩年，運勢就會因為天干的官印相生大好，二〇一四、二〇一五年流年天干分別走甲木及乙木，果然可以於二〇一六年勝出代表美國民主黨參加總統大選。

投票日是二〇一六年11月8日，〈圖六十六〉Ⓐ、〈圖六十七〉Ⓐ分別有列出兩位候選人於該月的大運、流年、流月進氣情形。因為兩人日主都屬土，所以流年、流月的作用於地支都是食傷生財，川普命局地支聚氣戊土很明顯比希拉蕊強，戊土生流年申金再生亥水氣勢很完美。反而是希拉蕊因為流年申金進氣、回生命局亥水、再生寅木會使得七殺變強，容易遭小人或官訟。希拉蕊以私人伺服器收發公務電郵的「電郵門」事件於選舉前二〇一六年10月底傳出聯邦調查局（FBI）稍要重啟調查，這對僅剩不到兩星期就要進行的總統大選投下震撼彈。天干方面的丙火對川普影響較大，因為和大運辛金有丙辛合，此為合剋，屬印剋食傷，雖然川普命局有兩個己土，這問題不算嚴重。但是印剋食傷容易說錯話，一句話說錯就可能翻轉選情，此實乃隱憂。但是沒想到11月己亥流月進氣，剛好在11月初的己土將辛金被合的隱憂化解。看起來這場選戰不分軒輊，川普要注意說錯話、決策錯誤。希拉蕊要注意小人或官訟，都有支持者。總看起來11月來是對川普稍微有利。以命理來看，不是11月上半月選舉，川普應該不容易贏。

案例二十九　二〇一七年法國總統大選：馬克宏和勒朋

二〇一七年法國總統選舉於二〇一七年4月23日及5月7日舉行，總統選舉實行兩輪選舉制。第一輪投票中，中間派政黨「前進！」創辦人埃瑪紐耶爾·馬克宏，以及右翼民粹主義政黨民族陣線領導人瑪琳·勒朋，分別以約23%和21%的得票率位居前兩名。但因沒有候選人的得票率超越50%的簡單多數，第二輪投票在同年5月7日舉行，馬克宏以66.06%的得票率擊敗勒朋，成為第25任法國總統。

兩位的出生日期及時間都有記載在ASTRO DATABANK，網站標示的可信度等級（Rodden rating）均為AA級，是最高的正確度。馬克宏生於一九七七年12月21日10點40分（巳時），勒朋生於一九六八年8月5日11點20分（午時），兩人的命局見〈圖六十八〉和〈圖六十九〉。

馬克宏天干食傷生財，勒朋命局有四個食傷星，都是名氣高透、有開創格局的人。二〇一七年4月23日第一輪選舉，馬克宏地支官印相生，勒朋地支食傷生財，兩人都走的不錯。但是天干馬克宏食傷剋官，勒朋天干也有稍稍的印剋食傷。其實看起來進氣和命局的感應，勒朋的狀況不見的比馬克宏差。但是5月7日第二輪選舉，乙巳月的氣場在4月27日開始啟動，雖然一開始乙木較強但是巳火也被乙木引進。此時馬克宏流月乙木生木局丁火，食傷生財大好，地支巳火對財星無損。但是地支巳火剋申金對於勒朋是比劫剋財，命局中的兩個未土因為屬陰幫不了忙。勝負立見，差距有點大。

傷官	元神	比肩	正財
乙木	壬水	壬水	丁火
巳火	子水	子水	巳火
偏財	劫財	劫財	偏財

86	76	66	56	46	36	26	16	6
癸卯	甲辰	乙巳	丙午	丁未	戊申	己酉	庚戌	辛亥
劫財 傷官	食神 七殺	傷官 偏財	偏財 正財	正財 正官	七殺 偏印	正官 正印	偏印 七殺	正印 比肩

每逢壬丁年小暑過後 29 天交脫大運

B 2017 年 5 月

大運	戊	七殺
流年		
	申	偏印
	酉	正印
流月	乙	傷官
	巳	偏財

A 2017 年 4 月

大運	戊	七殺
流年		
	申	偏印
	酉	正印
流月	甲	食神
	辰	七殺

圖 68 馬克宏的命局及 2017 年兩個月的大運流年流月進氣

劫財	元神	食神	傷官
丙火	丁火	己土	戊土
午火	未土	未土	申金
比肩	食神	食神	正財

91	81	71	61	51	41	31	21	11
庚 戌	辛 亥	壬 子	癸 丑	甲 寅	乙 卯	丙 辰	丁 巳	戊 午
正財 傷官	偏財 正官	正官 七殺	七殺 食神	正印 正印	偏印 偏印	劫財 傷官	比肩 劫財	傷官 比肩

每逢戊癸年清明過後 7 天交脫大運

B 2017 年 5 月

大運		
	卯	偏印
流年		
	申	正財
	酉	偏財
流月	乙	偏印
	巳	劫財

A 2017 年 4 月

大運		
	卯	偏印
流年		
	申	正財
	酉	偏財
流月	甲	正印
	辰	傷官

圖 69 勒朋的命局及 2017 年兩個月的大運流年流月進氣

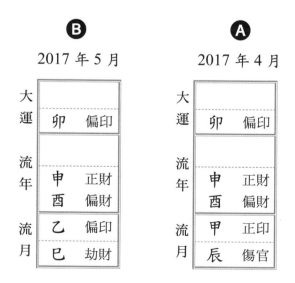

卷之六

加深八字論命功力的法門

如果讀者對上一章的的案例說明能夠了解，接下來就可以進一步嘗試加深自己八字論命的功力。有人說要幫他人用八字論命，得博覽群書，最少需有十年以上功力。筆者深深不以為然，畢竟如果論命的方法不對，那花再多時間研究及練習也是枉費精神。

舉例來說，八字命理有一派是要先根據命主的四柱八字來決定日主是身強、身弱、或身中庸，然後再以此決定日主的喜用神，最後依大運、流年、流月的干支是否有喜用神，或喜用神的多寡來判斷凶吉。

以「案例七」中，作家三毛女士的命局來看，此派一定判斷為身弱無疑，如此看來走比劫及印星是大好運，但事實上，走印星時對三毛女士卻是大凶。以我們的論斷法，即五行交互關係來看，三毛女士命局判斷走印星為凶是再自然不過，本書的方法不需要做各式命格種類的判斷，也不需要煩惱取用神規則的記憶。

筆者手邊還有幾個案例，命主聽一些命理師說本命年是大好運，萬事皆宜，結果有的勇敢將退休金放到股市、有的不畏艱險投入選舉，結果卻皆以大敗收場。身弱走日主同天干的本命年一定會好運嗎？讀通本書的讀者肯定能了解這不是正確的。

除了基本的五行理論外，筆者提出的案例並不多，事實上，筆者認為，研究他人提出的案例，對自己八字論命的功力增長有限。

當然對完全沒有經驗的讀者來說，根據本書中提的案例，一步步分析五行生剋合交互作用關係，搭配大運、流年、流月的進氣，了解如何一同考慮來論命，是必經的步驟。所以讀者最少要將基礎理論充分掌控，到可將〈卷之五〉的案例說明輕鬆看懂，這樣定能比筆者當年無人指導地盲目摸索，更快進入狀況。

接下來要如何熟練乃至運用自如？這必然是要從觀察身邊人事物開始。

請將自己及最了解的親友命盤正確排出，然後將他們人生中曾發生的一些事物，依照前一章的論命法來印證。根據筆者的經驗，是一開始因對進氣法及五行生剋合交互作用的考慮不夠周延，常常都無法印證。有時一件事盤算數十分鐘才得解，亦為所在多有之事。

但慢慢便會越算越快，正確率也會越來越高，對於五行生剋合交互作用連結到十神的聯想也會越來越順暢。就好像我們當學生時學數學或物理，將課本的基本理論搞懂後，去做考題一開始錯誤的機率一定很大，這並不表示基本理論是錯的，往往問題是出在自己沒融會貫通、或不夠熟練。

經過充分練習後，答題的正確機率就會提升。如果要問我自己是否有失算的時候，回答絕對是肯定的。過去參加各式大考，即使是理工科目，我也幾乎沒有一次是拿滿分，怎麼敢說自己決不會算錯呢？許多朋友來找我論命，我就常說我是在做數學題目。雖說有時可能算錯，但同張命盤算久了，也就很難出錯了，而且若是能從命主處得到回饋，修正出錯的點，下次便也不會再出差錯。換個本書介紹的術語來說明，若是逢命理師本身「印剋食傷」的情形，算錯的機會大概很大。

為何我建議要先觀察身邊的人事物呢？道理很簡單，因為這些事情你的掌握度最高，有些人喜歡研究名人影星的軼事，但這些人物，一不會將所有發生的事都告訴他人，二則出生的時間未必是對的，研究這些有時是浪費時間，甚或打擊自己信心。掌握自己及最親朋友的命盤，長期觀察，一定可以體會到大運、流年、流月進氣，筆者也是經過此一步驟，才敢公布前章的進氣表及論命法則。

有好幾個親友的命盤，我是經過數年的思考才解開盲點。基本上，我個人認為，若能全心投入研究，少則三個月，多則半年，應可有所小成。但請讀者注意妄言的因果，若有未學成者幫人論命，務必叮嚀命主參考即可，如果沒有把握，切勿胡言亂斷，如有憑此術來為非作歹者，因果自負。

以下還有一些要告訴讀者的事項：

第一節 流月的進氣

流年的進氣我們已於〈卷之五〉第一節說明，有精讀我們於〈卷之五〉分析的讀者一定會發現，案例中的應事要算準，若無流年的進氣根本是緣木求魚。

事實上，流月的進氣也不是剛好於節氣開始時進入。比方說查萬年曆，二〇一二年驚蟄後為癸卯月開始，癸水及卯木的流月進氣就非精準地於記載的驚蟄後開始作用。

此例有些書上說是前半月走癸水，後半月走卯木。這挺接近，但筆者實際驗證後認為，以下的說法其正確機率高許多：

1 流月天干的氣會提前至流月節氣開始前，和流月天干五行相同的流日那天開始進氣，一直走到下一個同天干的流日減弱，直到下個月之節氣開始時結束。如果流月天干是陰干，則流日天干要再往前推一日，於陽干日開始算。

- 比方說，二〇一二年立夏（國曆5月5日）後為乙巳月開始，天干乙五行屬木，所以由立夏當日往前找最近的甲木日。國曆5月3日為甲子日，所以乙巳月的乙木於5月3日提前進氣。國曆5月14日為乙亥日，所以於5月14日減弱。

進氣日為何不是國曆5月4日乙丑日呢？大概因為同天干五行會有氣場成團因而提前引入的情形。

2 流月地支的氣增強的時刻，由流月天干走完那天開始算，碰到第一個和流月地支相同的流日開始。

- 續前例，5月14日減弱，乙巳月的乙木結束，接下來第一個流日為巳的日子是5月20日辛巳日，巳火開始增強。

請讀者注意，不在以上規則導出的流月作用期中，其流月天干地支完全沒有作用嗎？事實上，流月天干開始進氣時，流月地支的氣也會引入。前面兩點所提的進氣，是指流月天干、地支氣場最強旺的期間。實際上，至該節氣終結前，才會完全消氣。關於此點筆者有以下建議：

1 若論及流月時，要提醒命主可能會提前五到十天發生應事，如果應事是不好的，還是得央求命主在整個期間都必須注意。

2 粗略提及前半月和後半月的應事正確機率十分高，論命時若無暇查詢萬年曆以檢視流月進氣，直接以前半月和後半月來討論無妨。

第二節 怎麼算出得財？

現在社會大家都希望過好生活，所以每個人都希望自己經濟上能寬裕一點。何時能進財是論命中命主最常問到的問題之一，筆者開始有點掌握本書所述的論命法後，有一陣子經常於得財有漏算的情形，困擾我許久，甚至有陣子不太敢幫人論命。

後來發現是自己疏忽，其實八字中可以算出的得財有兩種，一是靠自己努力、才華與心血賺來的錢財，即命理上「食傷生財」。此類若生正財，表示較穩定、正當；反之若生出偏財，表示較大筆、不穩定、較為僥倖或行險。

第二種是所謂輕鬆財，如公務員每個月領薪水，或得到家族遺產，或接受長輩餽贈等，命理上發現「官印相生」就是此類。有時發現當祕書或助理的，聽從主子命令辦事，不需花很多精神就可得到回饋，乃長官照顧得財，也是此類。

綜合以上所言，若是命中食傷生財，或是流年開始食傷生財，就該努力地開闢財源，經營公司創業、當 SOHO 族、或兼差賺錢都有機會。反之若是官印相生為主，則或為公職、從事宗教、進公司上班，讓公司來照顧自己。

然而，有食傷生財且官印相生兼有的人嗎？有的，〈圖三十六〉朱立倫先生的命局即是。這樣的人兩種特質皆俱，因而內外兼備、左右逢源，讓人嫉妒。

第三節 特殊組合的命格

有一些命盤的四柱組合十分特殊，主要有兩種，即從勢格及專旺格，我們在此提出討論。除從勢格及專旺格外，我們一般稱為正格。前文中所舉範例皆是正格，人群中大部分人都是正格，筆者的親戚中，並沒有從勢格或專旺格的人，但朋友及請筆者論命者中有數個。

從勢格

標準從勢格命局中，四柱八個干支只有日主是比肩，其他都是財星、官星、或食傷星，沒有印星及比劫星，〈圖七〇〉為一範例。

許多書上都有從勢格的討論，比如說，除日主外，若有其他一個干支為印星及比劫星者，是否為從勢格等。每本書判斷的規則幾乎都有差異，主要爭議點是：若存在一個印星及比劫星，要如何判斷是否為從勢格？

為何這些論命法一定要判斷出是否為從勢格呢？傳統八字論命術必先定旺、弱、專、從格局，才能分喜忌，斷吉凶。而從勢格由這些算法來看其元神超弱，以他們本來的論命原則，元神弱必須取印星及比劫星來增強日主力量，以達五行協調。

但在許多案例中，發現印星及比劫星增強日主力量時往往走壞運，所以認為應該走財星、官星、食傷星時才是好運，這剛好跟所謂五行協調的規則相反，所以被稱為從勢格，意義是「從」其財星、官星、食傷星的「勢」力。

食神	元神	正官	正財
丁火	乙木	庚金	戊土
丑土	巳火	申金	辰土
偏財	傷官	正官	正財

圖 70 命局範例

本書介紹的現代八字命理並不先討論日主的身強身弱，而是看五行的生剋合交互作用是否順暢。讀者了解本書的論命法，論命時便不必去判斷一個命局是否為從勢格，只要使用前章所介紹的論斷法即可。

以我們的論斷法，因只有日主為比肩，而無其他印星及比劫星，所以表示命主有很多財星、官星、食傷星，如果能平均分配，其實和其他正格也沒什麼差別。

但如果滿盤皆財時，走比劫運必然大損其財，反之走食傷運不就是大賺錢？但如果滿盤皆食傷星，一走印星運，印剋食傷，那不就和「案例七」中三毛女士走印星不佳一般嗎？但若是滿盤皆官星的從勢格，則走印星很好呀，此時依傳統命理的論法，不就不準了嗎！所以基本上我們不需要去討論一個命盤是否為從勢格，此格走財星、官星、食傷星運勢時未必大好，也極有可能是厄運。

專旺格

另一個奇怪的組合稱為專旺格，專旺格是滿盤皆比劫星及印星，一般說法為其月令也要是比劫星，請參見〈圖七十一〉。

專旺格出過許多名人，名滿天下的理論物理學家理查費曼教授即是一例。此格我們目前能掌握的範例不多，但筆者也有一些看法想與讀者分享。

依傳統命理派的說法，專旺格走比劫星及印星為好運。此格對他們的論法而言也是一種例外，因為專旺格元神過強，本來依五行協調的規則，應該走財星、官星、或食傷星才是好運。所以其論法乃是先判斷出為專旺格後，視為例外，改以走比劫及印星為好運。

劫財	元神	正印	劫財
己土	戊土	丁火	己土
未土	戌土	丑土	未土
劫財	比肩	劫財	劫財

圖 71 命局範例

另一方面同從勢格之情形，若是命局四柱中有一個干支不為比劫及印星，他們認為也很有可能是專旺格，同樣每一本書的判斷方法也有所異同。

根據筆者目前的論命法，依五行關係來判斷，基本上不會有什麼誤差，但專旺格最怕天干或地支沒有印星，再加上有官星來剋。

如〈圖七十一〉的範例，天干有大運、流年、或流月的官星進氣，會發生官印相生但無大礙，不過請注意因為時干及年干在外，所以官印相生前，時干及年干會先受到官星的剋制，還是會有應事發生。倘若地支有強猛官星來襲，那命主的運氣就不會太好了。

在本章第二節中有討論過，得財有兩種，專旺格主要以得印為得錢財，大運、流年或流月走印星往往是專旺格如意的時刻；反之若印星被剋傷或被合時，專旺格的人會覺得很不舒服。

若得財星呢？專旺格要以財星得財其實頗不容易，因為命局中比劫星強旺，大運、流年、流月帶來的財星被比劫星包圍，即使有食傷星通關，往往曇花一現，而且即便有食傷星通關，別忘了比劫剋財的情形還是會發生，如此怎可能有強旺財星出現呢？

親友應事部分，比劫剋財依然應驗，比如說，命主為男士專旺格，發生比劫剋財，則妻子及父親會發生事情。那專旺格的男士，因為命中比劫超強旺，通常其妻星會不彰嗎？確實有此情形。我遇過案例中，有一名男士為標準專旺格，台灣最高學府畢業，身高一百九十公分，容貌俊秀，性向也沒問題，為一科技公司董事長，因自己對女性十分挑剔，大多時間都沒女友，問他為何不多花些時間結交異性朋友，他答沒太大興趣。回想理論物理學家理查費曼教授的生平，被軍方徵召，忙於美國曼哈頓造原子彈計畫，其妻子體弱多病，後來去世時，理查費曼也無緣陪伴於她身邊。

專旺格的人，若是天干或地支都有印星，而且在年柱或時柱擁有極佳福氣者，小人將近不得身，走官殺運時往往還有極佳的掌權（為官印相生）機運。

讀者若是經常翻閱坊間八字論命書籍，還可看到許多種特殊命格，各式論法千奇百怪，但以筆者愚見，只要充分掌握五行生剋合的原則，必無命不可解，無事不可論。

第四節 命主出生時辰不確定怎麼辦？

本書所述的現代八字命理，以分析五行交互關係為主，命局四柱、大運、流年、流月每個天干地支都重要，差一個往往論命結果迥異。基本上人的出生日期大多會正確，但是出生時間就有可能會有誤差，尤其是出生在時辰交界處，更易弄錯。所以找出正確的出生時間是極為重要的。

筆者於〈卷之三〉第四節提過，出生時間應以嬰兒接觸空氣的瞬間開始計算，因為嬰兒頭部露出產道後，往往醫生還有一些其他準備工作，耽擱一段時間後，才將嬰兒拉出產道，故可能所報時間為下一時辰。如果論命時發現命主和命盤合不上，請試試前一個時辰。

但有時是命主父母完全忘記，我遇過命主父母兩造各說各話，結果有兩、三個時辰都說可能，這該怎麼辦呢？古書上有依照身體特徵來判斷，如頭髮有幾個旋、順還是逆等，但這沒有什麼根據，使用的人應該不多，以下為筆者所使用的方法：

1 看命主眼神：很多朋友聽我這樣說，都不太相信，甚或認為筆者有特異功能。事實上，如果常常比對命盤及命主個性，應該都辨的到。如果命主命帶強旺食傷星，眼中一定看的到精氣，因傷官較凶，而食神較有靈氣。如果年、月、日排出都沒有食傷，卻看到命主眼神鑠礪，應嘗試在時柱排入食神或傷官。眼神慈祥、說話緩慢、動作幅度小者，則多半印星強旺。

2 看命主特性：當官、受老闆照顧、公教人員、或受夫家疼愛的多半有官印相生，當老闆多半有食傷生財，講話舉止輕浮恐怕多半命中有財來破印，膽子很小的朋友命主一旁恐有官殺星。

3 看命主身體的疾病：若命主有宿疾，在年柱、月柱、日柱沒有訊號，則可以據以參考決定時柱。

4 根據流年應事：如抓有官殺星出現的流年流月來判斷等。

以下舉一個例子說明，〈圖七十二〉及〈圖七十三〉為一位一九五四年5月間出生的先生，經查這段時間台灣有實施日光節約時間，他給的時間是辰時〈圖七十三〉。但若採日光節約的調整過時間，則可能是卯時〈圖七十二〉。

論命開始時筆者一見面就確認命中帶印，因為看眼神十分清楚。但此點於推出出生時間沒有幫助，因為其命局地支有三個印星。就問命主於為官路上是否順利，結果他個人認為不甚順遂，因此嘗試以辰時〈圖七十三〉來論命，一生大運的論斷十分精準，於論命該年之流月所發生的事件也完全符合，最後解開命主十分擔心的一件大事。

偏印	元神	比肩	正官
丁火	己土	己土	甲木
卯木	巳火	巳火	午火
七殺	正印	正印	偏印

圖 72 命局範例

劫財	元神	比肩	正官
戊土	己土	己土	甲木
辰土	巳火	巳火	午火
劫財	正印	正印	偏印

圖 73 命局範例

為何論為辰時出生呢？因為卯時生必然官印相生，為官順利。這位先生的大運起運為虛歲9歲庚午起順行，竟然連年輕時攻讀理工，虛歲29歲轉事務性管理職都可論中，讀者可以自行推算看看。

基本上，我認為推出精確的出生時辰於現代八字命理是十分重要的，沒有出生時間或任何線索的命主，我不會接受論命，因為只是浪費時間。上述雖簡略列出幾個法子，但讀者應該能發現，其基本功還是論命的功力。大凡運用論命知識來反推，請先以個性優先，若有未確定事宜，再以流年、流月應事或身體狀態來反推。傳統命理的方法，只判斷出日主強弱從專，沒有出生時間也可以論凶吉，精準度上就差多了。

第五節 怎麼幫人擇出生吉時？

有許多朋友希望於孩子出生時就送給孩子一份大禮：好的生辰八字。筆者於學習八字命理的期間，一旦聽說有某名人或影星孩子剖腹出生，就會立即看看由這些孩子的出生時間所排出的命盤。

有些父母殷切地希望孩子賺大錢；有些富商則希望孩子能棄商轉文；偶爾也能發現排出的命盤看似漂亮，卻因合化沒注意檢驗，而實為不好的命盤。

如果有朋友希望我們幫孩子選出好的出生時間，我們該怎麼處理呢？我個人認為，得先選出八字走得順的出生時辰。所謂走得順，乃指沖剋不要多，最好都是相生為宜。〈圖十八〉的命局是筆者幫人出生擇吉時的範例，筆者給了這時間後，父母為了排在這時間剖腹，還換了醫院及醫生，孩子出生後個性十分穩定，按理一生順遂可期。

首先於預產期附近，選出走得順的一些生辰，然後分析這些時間所出生的孩子的特性給父母聽，給父母擇其一。幫人擇出生吉時務必慎重，合化等情形請仔細考慮、看清楚，若自己於八字命理的功力及經驗不足，還是勿接受此等任務。原因無它，自己的一番思考決定，會影響某個人的一生，務請慎重。

第六節　怎麼算出結婚時間？算出命終時間？算得出……時間？

關於一些人生大事發生的時間點，如結婚、命終、生孩子、買房子等，算的出來嗎？這些問題常常被一些人拿來論斷八字命理是否科學。根據筆者經驗，精準的時間點確實無法百發百中，但某些事情於某段特定時間發生的機率，確實可由命盤及大運、流年、流月的進氣看出。

八字源起時，唐、宋期間，人民的壽命很短，幾乎十來歲就結婚，那時要論斷何時結婚的正確機會當然比現在高很多，只要在12、13歲後，女子抓官星強的時刻，男子抓財星強的時刻就八九不離十。現在社會風氣開放，婚前性行為及同居發生的機率很高，有時明明已有夫妻之實，卻沒有夫妻之名。我們論斷可能結婚的年、月分，結果可能只是兩人發生同居的事實，甚或只是發生短暫一夜情的情形。

至於命終時刻更是因為醫學發達、年平均壽命延長，導致古書上論斷終壽的方法，要運用到現代社會徒為緣木求魚。但由命盤及大運、流年、流月的進氣基本上一定可看出生命的波浪，這波浪起伏一旦能解讀出來，便可幫助我們趨吉避凶。

也有人拿經營之神王永慶先生的命局來問，為何會大富大貴？一些命理師也煞有其事解說，事實上，稗官野史中也常有命理師一語中地，論斷某人將來大富大貴或成王敗寇等應驗的故事。我們在台灣中去搜尋幾乎和王永慶先生同樣或類似命局的朋友，也不見得每個都大富大貴。但若仔細檢視其中某人生平，可能會發現命主開了一家鐵工廠，挺賺錢的，對員工也很好，很受員工愛戴，看起來不是和王永慶先生類型很接近嗎？凡是人都有波浪，不同的人波浪大小不同，很大的波浪遠處看起來形狀和小波浪也沒什麼不同。

第七節 命中註定？

常有朋友寫信或當面問我一個問題：「是否人生中一些事的發生或結果，是命中註定？」我的回答十分堅定：「當然不是。」接著通常下一個問題就是：「那為何要研究命理？」

天底下沒有命中註定的事！事實上，傳統命理很多命中註定的概念，造成許多錯誤的論命法，一直困擾著學習八字命理和被論命的世人。試想，同日同時辰出生的人，生的兒女數目都會一樣？都會同時結婚？都一定會結婚或離婚？都同時命終？都生一模一樣的病？只要舉幾個案例來研究，就會發現這是不可能的。古時候的人，平均生孩子的數目和年紀平均值，和現代人大不同，但是八字都是一樣的排列法，所以有些事以出生時辰來推，絕對推不準的。

我們以科學觀點來看八字論命，是不需要去討論一個人子嗣的數目、命終時間等問題。那為何要論命（算命）？因為我們可以推算出生命的起伏（即五行氣場交互作用的強弱、起伏），來當做我們生活的參考。

我們算出有禍事的時候，能去改變嗎？我們無法改變氣場的交互作用，但是可以利用一些作為，將氣場作用的結果轉向，這是所謂「導氣」。比如說，七殺攻身時，我們去捐血，利用血光之災，先將此氣場轉向；命造大損財的時間，我們請命主不要積極投資，但是要他們捐錢或花錢過運。這些都是基本的導氣方法，實際操作上，我們要根據命主的職業、生活狀態、家庭情況等，來建議導氣的方法。我們預先知道命主有好事情的時候，當然我們鼓勵命主奮勇向前，迎向最大的利益及成就。從五行的基本理論、多年觀察進氣，以及實務的操作，我們掌握了很多導氣的方法及原則，實際的操作方法，請見下一卷說明。

第八節 八字的物理觀

讀者研讀本書至此，若能通透本書所提出以陰陽五行的基本道理來論命，一定大多案例都能驗證。筆者於本節中要討論八字論命中最困難、也最高段的論命法則——八字論命的物理觀。

何為物理？以下擷取自維基百科：「物理學是自然科學中最基礎的學科之一。經過嚴謹思考論證，物理學者會提出表述大自然現象與規律的假說。倘若這假說能夠通過大量嚴格的實驗檢驗，則可以被歸類為物理定律。但正如很多其他自然科學理論一樣，這些定律不能被證明，其正確性只能靠著反覆的實驗來檢驗。」

以下用一個物理力學的案例來比喻。我們若使用一個拆房子的鐵球車，來撞擊一個牆面，會一擊就將牆面撞倒嗎？還是鐵球會擊穿牆面？或是撞擊很多次，牆面依然無恙？受過訓練的工程師或科學家以物理學相關定律來預測，經過詳細的推理和運算，通常可大約推出結果。實際的情形可能是鐵球車要反覆撞擊，才可完全翻倒牆面。許多事情的發生（如本例中的牆面翻倒），不是短時間的作用結果，這使用物理學來解釋十分清楚且容易。

人世間的事物複雜，我們以八字的理論來幫命主論命，一定也要有物理觀。比如命主某段時間甲木剋戊土氣純，則在這段時間一定會發生相關應事嗎？大多案例中，確實在人事或身體上都會應驗，但有時並不明顯。試想先前舉的鐵球車例子，機器驅使鐵球撞擊牆面數十下之後，牆面可能看來似乎無損，但是內部結構大傷、可能基地都鬆動，此時停止撞擊，一時間牆未必會倒。但可能若干月後，一場颱風或輕微的地震，牆就倒塌。

舉個八字論命的例子，筆者幫過一位命主論命，她於二〇一三年底第一段甲木進氣其間，日主戊土受剋嚴重，但是人事上並不明顯。但是到了二〇一四年入冬的第二段甲木進氣開始，發生了和戊土被剋有關的癌症。很明顯的，這絕對不是二〇一四年入冬的第二段甲木進氣數週作用就能造成癌症，當然和二〇一三年底第一段甲木進氣有關。若是更往前推進，命主命局中甲木貼日主戊土，七殺剋日主作用一直都在，在二〇一二、二〇一三年壬年、癸年並氣，加重甲木的力量，多半是三年來在七殺剋日主的作用之下，才導致癌症病發。

八字論命若是能考慮這種物理觀，則論命的功力大增。比如說，某月中命主詢問是否可以決策購屋？通常我們除了該月的氣場要觀察外，之前數月乃至一年的狀況也要加以檢驗。比如說，命主已經印剋食傷很久，雖數月前已解除，但是此後至今未有比劫星能恢復食傷星所受的傷害。此時，就要建議命主留意判斷失誤或上當受騙的情形。

類似的人事情形很多，比如學生參加考試，僅憑參加考試該月的氣場，就判斷是否能考上，不啻為緣木求魚，因為考試乃學生辛苦數年的成果。比如說，考生始終成績超優，考試該月氣場不佳，不見得名落孫山，可能還是第一志願，只是分數不如期望。從不好好用功的學生，只憑考試該月氣場，就可以勇得第一志願？成功和努力是成正比，氣場的作用只是加分、減分的效果。

許多古書的論命法都不考慮物理觀，僅憑一些斷語，就直接判斷某些事情是否會發生，實在不符合科學的道理，這也是那些論命法不可採的道理。要使用八字論命來改善我們的生活，一定要有物理觀。要做到這一點，「熟練度」是一定要的，讀者將此書閱讀幾十遍，即使全部背熟，也不可能達到幫人論命的功力。一定是要先觀察自己或親友的命局、氣場作用和實際應事的發生，才可能一步步的增強論命功力。

第九節 醫理、命理的結合

筆者在〈卷之四〉第三、四節，分別說明了八字命局和生理、心理疾病的關係，根據大量案例的研究，我們得知八字命局可以看到的生理、心理的起伏，確實和命主在現實生活中的狀況有很大的關連。八字命理和當代漢醫同源，很多執業的中醫生對於醫理和五行的關係，也多有心得。漢醫強調人體內部的陰陽五行平衡理論、經絡系統，以及氣的運行。治療方法包括針灸、中藥、推拿按摩、食療等。漢醫將疾病視為整體失衡的結果，因此治療的目標是恢復身體的平衡。

漢醫中有很多醫療或調養的方式，也可以結合八字命理看盤的結果施行。筆者的八字弟子中有多位執業的中醫師，其中多有和筆者研究相關的法門，起碼就有「八卦頭針」及「八卦手掌點穴療法」等。「八卦頭針」是一針灸的方法，主要是根據卦位在頭皮上施針，「八卦手掌點穴療法」則是手掌的穴位按摩。筆者和太太幸芬學會了兩種方法後，於家人的日常生活中經常應用，覺得是十分好的養生、調養，甚至是治療方法。

因為針灸是醫療行為，在台灣無資格者如果以此為業務，會違反醫師法，所以筆者不多討論，請讀者隨緣學習。但是手掌按摩，本是日常生活常見的改善氣血循環的方法，根據八字命局來讀盤後，特別加強一些穴位的刺激，可以有更好的效果，在此特別介紹給讀者，相關書籍市面上可以找得到，有興趣讀者可以進一步深入研究。

「八卦頭針」和「八卦手掌點穴療法」，都是根據後天八卦。後天八卦以坎卦為正北，依照順時針方向，依序為艮卦，東北；震卦，正東；巽卦，東南；離卦，正南；坤卦，西南；兌卦，正西；乾卦，西北。其中其五行關連如下：

❖「離」卦為火，主心、目。
❖「坎」卦為水，主腎、耳。
❖「震」卦為木，主肝、足。
❖「兌」卦為金，主肺、口。
❖「艮」卦為土，主胃、手。
❖「巽」卦為木，主膽、股。
❖「坤」卦為土，主脾、腹。
❖「乾」卦為金，主大腸、首。

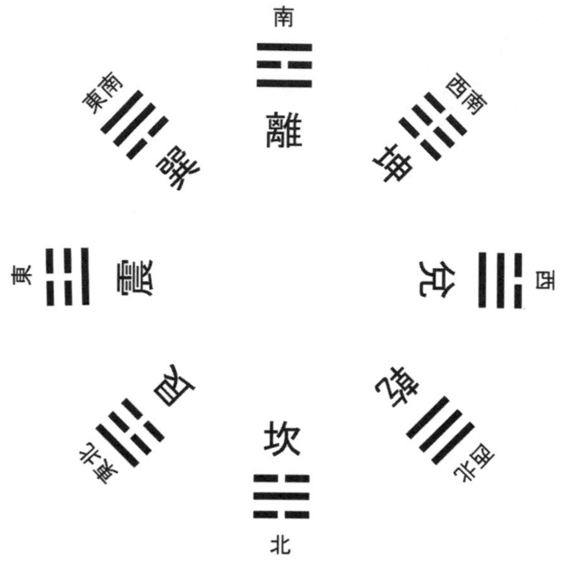

文王後天八卦方位

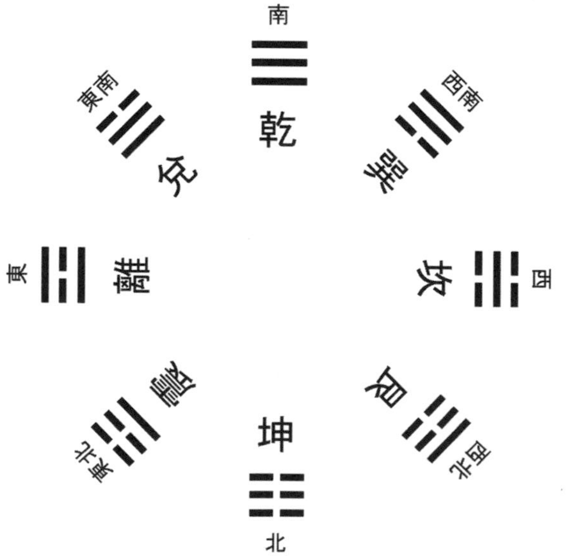

伏羲先天八卦方位

讀者應該可以發現，後天八卦的五行及生理相關連，和本書在〈卷之四〉第三節中所述相同。對應到雙手掌的穴位如〈圖七十四〉，不論男女、不論左右手，均以大拇指一側的方向為東。

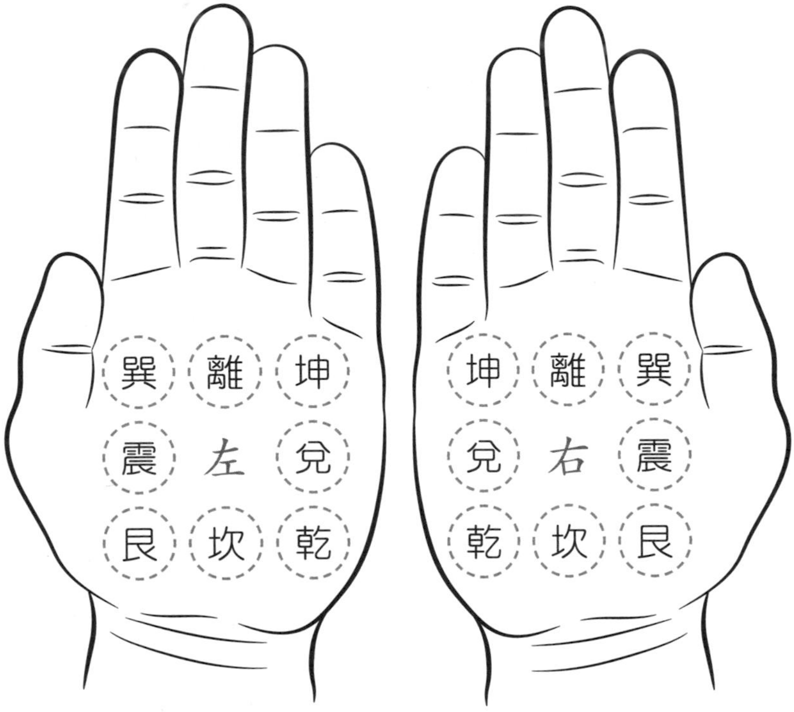

圖74 後天八卦之手掌穴位圖

「八卦手掌點穴療法」施作方法簡述如下，請讀者參考。如某人眼睛不太好，視物模糊，老花，眼睛乾澀，屬虛症，觀其命局（要考慮大運、流年、流月的進氣），也顯示有水剋火的問題。依照中醫五行理論，虛者「補」其母，基本上就可以按摩離卦來改善火方面的問題。但是「木生火」，所以我們每回要按摩時，先以按摩震卦及巽卦，然後再按摩離卦，每卦最少按摩一分鐘（應該可以在該卦的範圍內感受到特別敏感的痛點，請加強按摩）。但如果眼睛痛、眼睛紅腫屬實症，依照中醫五行理論，實者「瀉」其子，「火生土」，所以按摩時，先按摩離卦，然後再按摩坤卦及艮卦，每卦最少按摩一分鐘，來改善眼睛的不適。基本上對某卦若是要採「補」法，宜手法要輕，往拇指方向點；若是取「瀉」法，點按時力量較重，往小指按揉。

隨著不同的大運、流年、流月的進氣，我們可採用不同的組合及順序來按摩穴道，以達到最好的效果。請注意，男生先按摩左手再按右手，女生反之。如對中醫五行之「補」、「瀉」有疑問，可以參看坊間中醫五行理論書籍。

如果讀者不懂八字命理，也可以使用以上的手掌點穴療法，來改善身體的不舒服。一般可以由自己已知的身體狀況，來決定按摩的穴道及順序。除了就醫治療外，也可以由前述建議的方法來按摩穴道。但是如果無法判定哪個五行受剋，就得參考命主八字命盤來決定。

比如某人身體上如果常有酸痛的情形，可能是木受剋的筋骨問題，也有很多是水受剋造成循環不佳的結果，甚至是木剋土血糖不正常的細胞損傷造成。這我們參看命主命局就可以立即判斷。如果病灶還未顯現，那我們當然可以根據八字命局看到的沖剋起伏，來做預防及調養。

至於心理上的問題或疾病，就配合十神反推五行的沖剋，來決定按摩的穴道及順序。比如命主日主為庚金，某段時間因為七殺丙火強旺有恐慌症。火剋金通關的方法是土生金，那我們就可以嘗試先按摩艮卦及坤卦，再按摩兌卦及乾卦。如果是「八卦頭針」，亦可採用八字命局的狀況施針。

卷之七

八字學導正

第一節 傳統八字論命扶抑法的謬誤

傳統八字論命，必先定強、弱、專、從，才能分喜忌，斷凶吉。這套以命局身強或身弱的喜用神判斷法（或稱扶抑法），是一個不精準的方法。

常常有些學過傳統八字的朋友找我論命，往往一開始就向我詢問他是身強還是身弱，然後說不管是以身強或是身弱來論，由過往發生的事情來看，都不準。舉個例子，多年前有一位香港的朋友打越洋電話請我算命，他也學過傳統八字論命，我推算他天干走乙木好運，甲木就不好，地支走木為凶。他說沒有這種論法，不是喜木或忌木嗎？甲、乙都是木，怎會一凶一吉？又哪會地支走木為凶？我以我推算的結果和他逐一驗證前事，他不得不承認我的推算結果確實是對的，也虛心向我求教。

類似的案例很多，另一個印象深刻的案例命主是一位醫師，他是十分聰明的人，而且研究傳統八字論命法多年，因為根據扶抑法算自己的命不準，他遍蒐籍典中的案例，尋找自己類似的命盤來比對驗證，還是無法得知原因。我的推算結果，讓他驚奇不已，多年在書中找不到的結果，我檢視他的命盤後，沒半分鐘就說的精準無比。

我們的論命法不需判斷命局為強、弱、專、從，而是完全看命局的「結構」。讀者若仔細閱讀此書，您會發現，我們從來沒有討論命局為強、弱、專、從。命局的結構隱含很多訊息，根據四柱干支的位置關係、五行的交互作用的情形，可以知道命主的個性、特質，還有在不同進氣時的吉凶或應事。命局四柱結構中所包含的訊息，決非強、弱、專、從的分類法能說得清楚的。有一些古書中討論一些變格，其實這些都是古人發現扶抑法的分類不精準時，所創出的例外處理原則，繁複者甚或有十來種變格，而且變格的判定法，各書莫衷一是。瞭解數學排列組合的人就知道，創出千萬種例外處理原則，也無法涵蓋所有可能的結構訊息，那為何不去研究如何根據命局的結構及基本五行的道理來論命呢？

只要確實根據命局的結構來論命，即使是完全沒見過的命局，也能夠正確的判斷，以下舉一個極為罕見的案例。筆者於二〇一三年國曆4月底出書（本書第一版），書中169頁的最後一段有一句話：「但若是滿盤皆官星的從勢格，則走印星很好呀。」這句話完全違反傳統八字論命扶抑法的原則，因為根據傳統八字論命的說法，從勢格要走食傷、財或官才是好運。多年來，筆者也算過不少傳統八字論命所謂從勢格命主的命，但是出書前確實沒有見過除日主外都是官星的從勢格。機緣巧合，二〇一三年國曆5月，一位女士因為看到筆者的書來找我論命。她的命局中，除日主外，都是官殺，計有四個正官、三個七殺。前些年，地支走印星的兩年於中國工作，大賺輕鬆錢財。她認識一些命理師，沒有人算出來，但我與她印證此點，絲毫無差。

那麼，扶抑法到底有沒有道理呢？如果你將筆者的結構法研究通透，你會知道其實扶抑法也不是完全沒道理。比如，身弱的人多半官殺星強，來印星可以將官殺傷己的力量轉換成幫助自己的福氣，走比劫星可以加強食傷星來壓抑官殺星。但是身弱的人有一些是財星多，走比劫星反而傷財。那身強的人走官殺星是好運嗎？若是剛好天干或地支沒有印星或印星被合沒活力，則走官殺星當然是倒大楣的時刻。

扶抑法：陰陽不辨、合化不推、干支不區、結構不看，當然是例外百出。這本書中的作家三毛案例，也是扶抑法例外的案例之一，有興趣的讀者可以仔細研究。

另外，所謂宮位及神煞等，也很容易證明不準，隨便舉些例子來驗證即可，在現代，很多八字命理師都將之拋棄。因為只要記憶規則就可以論命，所以有些業餘愛好者很喜歡用這套背書算命法來論命。我的弟子（書中有幫我寫序）學傳統命理很久，對神煞很熟，跟我學習後，盡拋神煞。他還能根據我的算命法，說出哪些神煞何時不準。

如果要瞭解如何用命局四柱八字的結構來論命，請讀者研讀我的書，但是請學過傳統八字論命扶抑法的朋友，先將之遺忘，瞭解我的方法後，虛心的用自己可以掌握的案例來驗證。

第二節 為何很多命理師算命的結果常常和事實顛倒？

筆者多年來幫命主論命的過程中，常常有以下的情節發生：「大約算命時，命主就直接問民國某年的財運如何。筆者檢視命主的命局及大運、流年進氣，馬上就知道必然是之前有命理師跟他說會大進財之類的。筆者實話直說該年是損財年，不可貿然進行積極投資或支借親友錢財。然後接下來就是一連串的抱怨和詢問：不都是八字命理嗎？為何算的結果是顛倒的？究竟誰說得對？結果是我對。也有明明是損財，堅持有賺錢，但詢問該年某月後怎樣，結果是前幾月賺的錢，全倒賠，還大虧。」

因為錯誤的推命結果，有一位老人家退休後，立即賠光退休金；有家管婦女勇敢進股市，賠掉老公多年積蓄；甚有上班族融資斷頭負債，導致生活困頓。

為何同樣是八字命理，不同的命理師推算的結果會是顛倒的？這使得世人對八字命理有很大的誤解。其實這不足為奇，以下圍棋為例，棋力到一定程度的棋手，多半對基本的規則和下法有所瞭解，但是同一盤面，不同的棋手細算深思後下的棋步往往不同，結果便有大勝、大敗的歧異。

筆者身為八字命理學家，花費許多時間及精力研究各家之說，發現很多錯誤的論法常常會導致推算的結果顛倒，可能的情況很多，無法一一贅述，筆者現在用一個例子來說明最簡單的情形之一。這種命理師，大約只懂八字中干支對應到十神的解譯，就直接用這個來幫命主論命（半桶水的命理師和業餘命理師很多都是這樣）。比如說，流年有走財星，就告訴命主該年會進財、賺錢，鼓勵命主去投資。其實這實在是一種很危險的算命法，只有幾成機率會對。若命主流年走財星，當然該年的運勢和財有關，雖有可能是得財賺錢、但也可能是損財、因財惹禍、因財造成貴人遠離等。

正財	元神	正印	食神
丁火	壬水	辛金	甲木
未土	午火	未土	辰土
正官	正財	正官	七殺

73	63	53	43	33	23	13	3
己	戊	丁	丙	乙	甲	癸	壬
卯	寅	丑	子	亥	戌	酉	申

每逢丙、辛年立秋後 15 年交脫大運

B 2014 年 9 月

大運		
	子	劫財
流年		
	午	正財
流月	癸	劫財
	酉	正印

A 2014 年 8 月

大運		
	子	劫財
流年		
	午	正財
流月	壬	比肩
	申	偏印

圖 75 命主兩個月的大運、流年、流月進氣

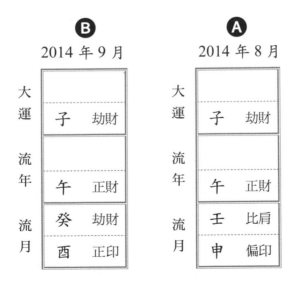

最近筆者有一個案例就是這樣的情形，此命主為男性，命局年、月、日、時柱分別為甲辰、辛未、壬午、丁未，見〈圖七十五〉，筆者數年前就知道他於虛歲48歲至53歲大運轉到地支子水，婚姻就有問題。本月（二〇一四年國曆8月）和配偶離婚。今年二〇一四年甲午年，午火是命主的正財，一般錯誤的概念是流年走午火正財，會加強命主正財的力量，正財表示男性的妻子，所以婚姻上應該沒問題，也會說今年會婚姻狀況好、財運也順。事實上，此命主於大運子水，子沖午的作用下，這幾年婚姻的狀況就不好。如以〈卷之五〉第二節中所提的論命法則來推論，此大運流年走午火，反而是這幾年中最嚴峻的考驗。加上流月壬水傷天干丁火，申金加強子水傷午，結果是此月婚姻告終。事實上，二〇一四年國曆9月（癸酉月）的情形會更嚴重（為何？請讀者自推，看懂我的書一定推得出來），這兩個月是從國曆6月以來的大關卡，若是能忍耐、謹慎處理，到年底國曆12月，則或許有轉圜餘地，但此兩個月關卡才一開始，20年婚姻就告終，事實上，這幾年該命主的財務狀況也不佳。

第三節　論改運

什麼是改運？筆者多年來因緣巧合幫一些命主論命，常有命主開口希望筆者幫忙為他們改運，也有許多朋友認為，能幫命主改運的命理師才有用。事實上，許多命理師借改運之名收受錢財：有假借宗教畫符，有使用大師祈福的物件，有作法祭改，還有聽過將刀劍燒化過運等。這裡頭有一個共通的特性，就是費用十分高，其實都是斂財。筆者呼籲社會大眾，認清事實，勿被人斂財。如果使用類似手段斂財的命理師，不要和他們做任何接觸，讓他們消失於社會，以免貽誤世人。這些人往往會用一些言詞恐嚇或欺騙命主，遂其斂財之願，最好的方法就是不要接觸。八字論命源於陰陽五行家，是中華文化很重要的一分，被這些斂財的命理師所玷污，實在讓人心痛。

回到本文討論的主題：「可以改運嗎？」其實「心念改了，運就改了」。但是芸芸眾生如何知道順應自然及宇宙運轉的規律，改變自己的心念和行止呢？有了八字命理，我們可以推算出生命的起伏（即五行氣場交互作用的強弱、起伏），來當做我們生活的參考。命理師應當根據命主命盤及大運、流年、流月的進氣，建議命主如何運轉自己的心念及行止。心念不同，行事態度及作為不同，當然生活的結果也就不同。

芸芸眾生在生活中有很多問號：該衝？該守？該進？該退？該蟄伏？該留？該行？該分？該合？該挽留？該堅持？該退讓？瞭解五行的道理，命理師當然可以建議命主如何面對生活，這是命理師的義務，潤金費外再額外收受錢財，就是斂財。

從五行的基本理論、多年觀察進氣，以及實務的導氣操作，使用八字命理確實可以改善人們的生活。所以運可以改嗎？答案是肯定的，但決非靠一些不科學甚或愚蠢的方法能達成的。如果你發現自己的親朋好友被命理師斂財，請將這篇文章轉給他們參考。

第四節 怎樣的八字命理師不要相信

說到命理，很多人都認為毫無根據，台灣社會中利用命理或宗教來進行斂財、害人等為非作歹之事，時有所聞。但是人生難免困惑，有時想諮詢命理師解惑、給個方向，卻很怕遇到媚世斂財的命理師。到底該怎麼選擇命理師呢？

因興趣鑽研八字命理，有緣幫一些朋友論命，有所心得而出書。自本書第一版出版這一年多來，幫了更多朋友論命，社會上各階層人士都有：外科醫生、科學園區大老闆、商界人士、政治人物、市井小民、美商公司台灣部門的營運長、美商公司高階主管、資深護理師、護理師、各式工程師（電機、軟體、系統、面板、晶片設計、任職鴻海、任職HTC……等）、牙醫、上櫃公司CEO、股市外商操盤者、創投、學校教務主任、教育界高層官員、工程營造界老闆、村婦、小學老師、國中老師、高中老師、里長、鄉長、競選政治人物、媒體人士、自營商、台商、台商嫩妻、香港商人、新加坡上班族、各領域大學教授、各式高中低階公務員、古董商、藝術品仲介商、藝術家、經營牧場家族、小職員、外交官、水電老闆、各式小朋友及學生、空服員、外交官、各領域博士後研究員、男女大學生、觀光導遊、一輩子無業者、實習醫生、音樂演奏家、知名主播、設計師、台加兩地房地產專家、年長創業者、農業改良專家、軍方雇員、直銷工作者、企業教育訓練者、剛畢業研究生、塔羅牌老師、心理輔導工作者、宗教工作者、美國矽谷FB工程師、保險從業員、癌症的重症患者、官司纏訟者、許多中小企業老闆、工藝家、法國精品業務、在大陸行銷、補教名師、養殖業、知名導演、製片、同性戀受感情困擾者、各領域女強人、矽谷公司大老闆、會計師、銀行行者、法國人、身障者、心理疾病者、導遊、酒店小姐、髮廊老闆、憂鬱症者、躁鬱症者、精神分裂症者、情報人員等。

我們花費大量時間幫以上各式人物論命，增廣了我們的見識，加深了干支、五行的交互作用對各界人物及不同生活型態影響的瞭解，受教很多。同時也對媚世斂財的命理師的手段有進一步的瞭解。為何?有些命主（被算命的人）常常會對筆者抱怨：以前他們去算命，那些命理師如何亂要錢、如何胡說等。他們對筆者論命的結果都持正面的看法，這一點我很欣慰。而他們的經驗，也讓筆者瞭解了一般坊間命理師如何憑藉大眾對命理的不瞭解，去愚弄、欺騙，乃至斂財。以下我將之揭發，期待大家能戒慎。

首先，收費低廉或免費，但是高談闊論，往往命主一進門、命盤一排出來，立即就說命主應該身價數億呀！若命主說沒有，便立即說應該是這樣才對，如果沒有，應該是有鬼靈纏身或因果報應，要花錢改運，購買貴重飾品過運，或是祭改等。也可能反過來說命主即將壞運連連，如此恐嚇命主。總而言之，就是要花錢改運、購買貴重飾品過運或祭改等。有些特別強調宗教的祭改，如作法等。殊不知八字源於戰國時期陰陽五行家，和佛教起源完全不同，怎麼聯合作戰起來，要命主付大錢呢？筆者幫命主論命，有命主一坐下來，就嚷嚷要我幫他們改運、祭改，筆者只好耐心花時間告訴他們說，憑一些不科學的儀式去改運，根本是神棍或不肖命理師的斂財騙術。這一點，筆者在前節「論改運」中已仔細討論。基本上，八字命理根據五行的基本理論、進氣，可以改善人們的生活，是透過改變命主的心念或導氣，來預防禍事，趨吉避凶，但是說要用某些沒道理的儀式來改善生活或避災，當然是迷信。所以您若是去算命，命理師要您花大錢改運，建議您先閃人再說，可別想聽聽看再說。他們的話術很厲害，您聽久了，心生畏懼或有所期待，難免著了道。這類之人實是惡劣的斂財惡徒，有社會經驗的讀者大多可以辨識。

另一種命理師沒有積極斂財，只是本身才學不足，這一般社會大眾就很難分辨了。這些命理師，其實只會模仿他的老師或古書的論命法，即使這些論命法不準，也沒有檢討的心，見人說人話、見鬼說鬼話，總之，論完命，收錢就是囉。因為命主本身對八字命理完全不瞭解，所以就隨他們說了。有時隨口說夫妻倆不合，最好不要住在一起。有說小孩和父母無緣，應該送出去給別人養，造成人倫悲劇。最近有一位先生，他來拜訪我，拿出幾位八字命理師對他剛出生女兒論命的結果，結果每位都大相徑庭：有說喜木火，有說忌火土，有說身強，有說身弱。

社會上有許多號稱學過八字命理的人，別人給了生辰，就開始亂說，事實上，大多數對自己由書上或是老師傳授的論命法，都沒有列舉足夠的案例來驗證。這筆者在本卷第一節「傳統八字論命扶抑法的謬誤」中有加以討論。這些人的特徵就是常說他的老師是大師，或是他學八字命理多少年云云，如此，不懂八字命理的人當然搞不清楚，隨他們擺佈了！

以下，我教讀者分辨，只要有以下的情形發生，您還是先閃人，聽到錯誤的論命，對自己當然沒有好處：

- **神煞放嘴邊**：什麼是神煞？「金匱、紅鸞、天喜、福德、喪門、勾絞、五鬼、破碎、大耗、白虎、天狗、桃花、、血刃、伏吟、劫煞、災煞、六厄、天德貴人、月德貴人、天德合、月德合、月破、血刃」，像以上這些名詞就是。現代很多有識的八字命理師早經過驗證，發現神煞根本不準，都拋棄以神煞來論命，但這些名詞很可以嚇人，也是斂財的好工具。

●**算命老提生肖**：什麼今年屬兔的犯太歲運氣不好、屬鼠和屬馬的怎樣怎樣云云，這樣的論命法於命局八字中只看一字，哪有什麼精準度。犯太歲的人當年走好運的，說不定比走壞運的人多。這套說法是八字命理演進中的中間產物，去考據的話就可以發現，在宋朝時就已經發現有問題而拋棄。這會有參考價值嗎？

●**以宮位論命**：就是「兒女宮、父母宮、夫妻宮等」，這也是很多現代八字命理師經過驗證，發現不準的論命法。常常就是斷言夫妻宮受沖剋，所以命主必離婚；父母宮有問題和父母無緣；子女宮不佳，生不出小孩，或小孩成就不佳，所以要分開住等等，都是胡說八道。只要聽他們提到兒女宮、父母宮、夫妻宮等，別信他們。

●**論命講身強、身弱**：就是說命主的命局是身強或身弱，所以怎樣云云，這在筆者的書中已論證也舉出反例，證明這套論命法精準度不高，例外情形百出。難不成我們要靠一套錯誤的方法擺佈，用這樣的謬誤來決定人生的方向？

●**論命陰陽不分**：就是有說命主喜木火或說忌水土的說法，其實木、火、土、金、水，在天干、地支都有陰陽之分，可能天干走陽土甲木是好運、乙木未必順利，地支走卯木、寅木說不定是大壞運，所以只要看命理師批命只講木、火、土、金、水的喜忌，不論陰陽，也是不精準，常常說錯，要聽他們嗎？

以上種種八字論命法，包括：神煞、宮位、生肖、身強弱、五行不論陰陽，都有一項特徵——「簡單」。其中，神煞、宮位、生肖論命，基本上是查表法，套套公式就可以論凶吉。身強身弱法基本上是二分法，五行不論陰陽也是因為二分法的結果。人世間的事情複雜，怎麼可能用簡易的方法就可以推導呢？或許就是因為這些論命法簡易，所以容易流傳下來。一定有人說那些八字命理書很厚的，哪會是簡易法呢？如果讀者仔細研讀那些很厚的書，一定會發現內含一大堆沒有道理的論述，例外法則層出不窮，不具有系統的論證法。

說了很多，建議您仔細研讀本書，學習純粹以五行的運作來論命，再以實際已知的命盤來做印證，必有所得。如果您是學習傳統命理者（講「神煞」、「宮位」、「以身強、身弱專格、從格來論命」、「論命不分陰陽」）可能很難接受，會反撥說古書都是這樣論命。哪有什麼道理說古書的論命法是對的？百年前的物理學、生物學、化學的書籍謬誤百出，難不成我們現在還要拿那些書當聖經嗎？現在的科學家沒在看那些書的。

唯有以大量的實例印證過的論命法，才能說是對的方法，不是嗎？

卷之八

使用八字論命幫他人解決問題的要旨

讀者若對八字命理有興趣，花了大量時間去研究案例，並發現大多數情形都能算得很準，肯定也會想用八字論命來幫助他人解決問題。筆者雖未正式開館，也因緣際會運用八字論命術幫過不少朋友。以下是一些小心得，供讀者參考。

論命態度

首先若是自己不夠熟練或是沒什麼把握，那請先暫緩一下，再多練習吧！一方面若是算錯，造成求助的朋友決策錯誤而有所損失，此乃罪過；另一方面，忽然面對陌生人問出一大堆問題，如果不熟練必然手忙腳亂，左支右絀，命主看在眼裡，哪會相信您的話呢？如果不相信您的話，那豈不是講話聊天，浪費雙方時間。

再來幫他人論命時，一定要抱持一顆誠摯幫助他人的心，要有耐性傾聽命主的傾訴，然後根據論命結果思考如何與命主溝通。大凡請先說好的事情，這是人性的弱點，非我族類愛取巧也。我們說出命主個性上的優點非討好命主，而是更能鼓勵命主適性發展，勇敢往自己的方向邁步。

但當要提及命主的弱點或是未來即將發生不好的事時，也請婉轉表達，勿造成命主心中恐慌及陰影。我常對命主說：「人生就像海中搭船，時起時落，好中有壞，壞中有好。今番於某某時間點過後，背運就此過去，好運即將降臨等等」。也常說：「今日我說出這事，就是將此事說破，這事未必會發生，若確實發生也必然不會太嚴重，因為您心中已有提防」。

有時於命盤中看到命主的苦惱，因而心生憐憫，但也無法將這些苦惱從他們生命中拔除，只有鼓勵命主勇敢面對。而事實上，部分情況是有一些方法可以化解，請見以下說明之導氣的方法。

導氣

我想讀者多半於學習物理或化學時聽過「能量不滅定律」，根據筆者研究很多案例，五行氣場的作用也符合該定律。所以發生很不佳的氣場作用，如氣很純的五行沖剋，那多半有禍事發生。想要靠一些無謂的儀式或消極的躲避，絕對不是解決的方法。幫命主論命時，就要將這股氣場盡量導正到不會傷害命主的方向，這我們稱為「導氣」。

我們可以根據事由、命主的職業、家庭及生活的狀況，建議命主的行止。以下是一些簡單範例，發生的情形若考慮合化和多個干支的互動，還可以做出更生動的建議，這就考驗論命者的功力了：

- **如果命主發生比劫剋財：**要告知命主於此段時間內勿做積極投資，不要支借金錢予他人。此時可適當消費，如帶家人出門旅遊消費、買禮物給家人、或是佈施捐款。如果命主是男士，要建議他對太太或女友體貼一點，不要太挑剔，勿過強勢，盡量避免衝突。
- **如果命主發生印剋食傷：**則建議命主於此段時間內勿做重大決策，謹防上當受騙。如有要事需決定，要多想想或諮詢朋友或專家。同時開車要小心，以免心不在焉發生交通事故。開會時發言要謹慎，以免失言。心情煩悶時，多找朋友詢聊，到戶外踏青或出門旅遊。

- **如果命主發生官殺剋比劫：**可以建議命主捐血過運，切勿遠行或從事危險活動。要注意小人在身邊，以免招陷害。也可用積極的運動來折磨、鍛鍊自己，剛好散去七殺的氣場。
- **如果命主發生食傷剋官：**要注意和長官、業主、顧客的相處，莫過強勢。若有意見相抵的情形，要特別注意溝通協調。對工作若有厭倦，請多忍耐。如果是女士還要建議其對先生體貼一些，不要太挑剔，勿過強勢，盡量避免衝突。
- **如果命主發生財來破印：**則建議命主勿過度貪財，以免遭禍。此時心境較不平靜，出門旅遊或四處遊走是好建議。有出差機會可以請纓上陣。

以上是將不好的氣場，導到無損方向或消散。好的氣場也要充分利用：

- **如果命主發生比劫生食傷**：要鼓勵命主發揮才華及才智、著書立言、鑽研技藝、發展技術、甚或靜心思考規劃人生。
- **如果命主發生食傷生財**：要命主把握機會靠智慧、創意來生財、賺錢、創業的機緣。男士可建議把握機會認識或交往異性，也是結婚的好時光。
- **如果命主發生官印相生**：要命主把握升遷機會、接引貴人的扶助、或從事仲介得財。可把握機會參加考試或學習以取得文憑或證照。購屋置產、募資開業亦是好時光。
- **如果命主發生財升官**：請命主努力工作求表現，把握機會爭取職位。
- **如果命主印生比劫**：此時是享受福氣的機會，可以追尋貴人的幫助，想開公司可以積極募資。賺取輕鬆錢財的機會也不錯。

再者，我們可以根據五行所代表的顏色及方位，建議命主採取適當的顏色或活動方位。

保密原則

幫命主論命時，一定要遵守保密原則，要告知命主不會洩漏任何對談內容，甚至不會對外面提及命主有來問命。

筆者剛開始練習幫朋友論命時，不懂要闢室密談的原則，一堆朋友魚貫討論，等待的人也在旁邊聆聽，這樣實在不妥。在這種情形下，命主有許多問題都不敢問，有時批命結果涉及命主隱私，明明論對，命主也會否認，那如何繼續深入討論，幫命主解決問題呢？

收費

幫人論命是否要收費的問題，其實一直困擾著我，這收費有時稱為「潤金費」。當然，開館論命的人一定會收費，但如筆者這種有其他正職、僅希望以命理來濟世幫助他人者，往往覺得收取潤金費，乃俗人所為。

這些年來，筆者對這事也有一些看法，如果只是在練習論命，和相熟朋友討論印證，自己尚無把握時，倒是不需收費。有一說論命乃洩漏天機，於自己有傷，所以多少收取一些潤金費，這說法不無道理。但筆者認為，如果論命者自己的論命術有達到一定水平，並且是誠心誠意為命主解決問題，就應該收取潤金費，理由如下：

一者，論命者花費大量時間，且兼有洩漏天機，命主應該給付報酬；二者，若論命者不加收費，因命主是不勞而取，往往會輕忽論命的結果和論命者的付出，只當作來聽故事，左耳進、右耳出，完全只是想找個人聊天說話解悶，那論命者這番努力計算思索，豈不白費？對命主也沒有任何幫助。

因此筆者建議論命者收取潤金費，但要有統一標準，若命主確實有經濟上的困難，可建議命主隨喜給付。收取潤金費後，論命者固定於其中提撥部分比例，捐贈給慈善單位，如此可為論命者和命主兩方造佈施的福田，幫助人生活得更為順遂。

才德智緣

最後，筆者認為，要幫他人論命者，得兼具「才」、「德」、「智」、「緣」四項特質。

「才」，指本身對論命術的修為，必須達到一定水平，如此才算得準，也才能確實幫命主解決問題。

「德」，是指本身的道德人品。希望靠算命諮商解決問題的命主，通常都苦惱萬端，往往是心理最脆弱的時刻，若是論命者以此為機，乘機要脅詐騙斂財，那豈非傷天害理，損人不利己嗎？

「智」，則指機智。論命時，什麼問題皆可能出現，實乃人生百態，愁苦萬端，佛教有八苦之說，更是實證。奇怪的問題一來（如「案例十四」的事例），而論命者停頓，開始思索授其論命術的老師有沒有教過，或研讀過的書上是否有解答時，八、九成就倒台了。命主對論命者沒有信心，那論命者也幫不上命主的忙。有機智者，應立即依五行正理及十神意義急智反應、謹慎推理，如此才能順利解決問題。

「緣」，乃機緣。就算掌握了「才」、「德」、「智」，也未必有機緣能執掌此術服務他人。

這本書不是用來宣傳，好讓大家來找我算命，而是希望讀者能於閱讀之後，對子平八字命理有更加正確的認識。在需要使用命理來解決生活上的困惑或問題時，不致有錯誤的期待，或遭江湖術士斂財。生活上有苦惱或對命理有興趣的朋友，不妨發個信來討論，說不定光是收到回信，就可解決您心中的罣礙。

附錄

排盤需知的細節

當地時間

時區，是地球上的區域使用同一個時間定義。以前人們透過觀察太陽的位置（時角）來決定時間，所以不同經度的地方，時間就有所不同（地方時）。基本上，排盤時要根據出生地當地時區的地方時間。有一說是八字命理是漢族發展出來，所以應該要換算成漢族的當地地方時間來排盤，也有說南半球的季節和中華民族所在的北半球顛倒，所以南半球出生的人，算八字命理會算不準。

筆者的弟子中，有數位旅居在北美的華人，我們一起收集很多案例來驗證，可以確認北半球不同時區的人，要用出生當地的地方時間來排盤。關於南半球的案例，筆者有一位現居香港的八字弟子陳先生，在一九九七年香港回歸大陸之前，他有很多親友移民澳洲及紐西蘭，大約是香港、澳、紐當時同屬大英國協，所以學歷及證照都有互相承認。經由陳先生，得到很多澳、紐出生命主的案例來驗證，也確認南半球出生的人，其排盤時要根據當地時區的地方時間，推算結果也都準確。

中國古籍《葬經》有一句話：「氣乘風則散，遇界水則止。」這個氣當然不是空氣，而是有一種會影響人的「氣」，其遇水會停，但是可以穿過其他的物質，這「氣」和季節天候無關。第三節會進一步說明如何根據出生地的經度，來計算出正確的真太陽時間。

夏令節約時間

日光節約時間（summer time）或夏令節約時間（daylight saving time），是用於在夏季期間調整時鐘，以便更好地利用自然光線或節省能源，並提高生活品質。目前還有許多國家實施日光節約時間（夏令時），記得筆者西元二〇〇三年去美國參加學術會議，剛下飛機時，就鬧過因為不注意當地實施日光節約時間（夏令時），而錯過接續班機的笑話。

實施日光節約時間（夏令時）的地區，全區各地時鐘都撥快一小時。比如，當地標準時間是八點鐘，但是法令規定時鐘調整到九點鐘。所以當時出生的人，若是記錄是九點鐘出生，實際上是八點鐘。我們在排命局的時候，需將出生時間減一小時。但是請注意，根據筆者的經驗，有時命主出生在實施日光節約時間（夏令時）的地區及期間，也可能報的出生時間是該地區標準時間，因為有些接生的婦產科醫生會自動換算標準時間，登錄於出生證明。

目前很多國家仍然有實施日光節約時間（夏令時），這在幫外國人排命盤時要多注意。筆者查詢文獻，台灣歷史上從民國34年到68年間，有做過日光節約時間（夏令時）的時間調整，請參看下表。舉例，如果某命主出生在台灣，他提出的出生日期及時間，為民國49年7月8日17點30分，那就要用民國49年7月8日16點30分來排盤。

台灣實施夏令時年份	施行起迄日期
民國 34 年（1945） 至民國 40 年（1951）	5 月 1 日至 9 月 30 日
民國 41 年（1952）	3 月 1 日至 10 月 31 日
民國 42 年（1953） 至民國 43 年（1954）	4 月 1 日至 10 月 31 日
民國 44 年（1955） 至民國 45 年（1956）	4 月 1 日至 9 月 30 日
民國 46 年（1957） 至民國 48 年（1959）	4 月 1 日至 9 月 30 日
民國 49 年（1960） 至民國 50 年（1961）	6 月 1 日至 9 月 30 日
民國 51 年（1962） 至民國 62 年（1973）	停止
民國 63 年（1974） 至民國 64 年（1975）	4 月 1 日至 9 月 30 日
民國 65 年（1962） 至民國 67 年（1978）	停止
民國 68 年（1979）	7 月 1 日至 9 月 30 日
民國 69 年（1980） 以後	停止

根據經度算出真太陽生辰時間

出生地的標準時區的時間，還需要根據當地的經度得出「地區經度時差」，來校正出真太陽的生辰時間。地球由西向東自轉一圈 360° 需時 24 小時，故全球分為 24 個時區，每個時區跨越 15 個經度。

首先請搜尋「World Time Zones Map」，看看所在時區的經度範圍。〈圖七十六〉是網路上很容易下載到的世界時區圖的局部。台灣、大陸都是使用 UTC+8 的時區，120、+8 兩個數字，表示 UTC+8 時區的標準時間在東經 120° 的地區經度時差為 0。如果往西邊一度要扣四分鐘、往東邊一度要加四分鐘。台北市的經度約為東經 121.5（使用 Google map 可查詢），所以台北的地區經度時差為：

$$(121.5-120)\times 4=+6$$

如果命所報的出生時間為早上 10 點 40 分，其真太陽生辰時間應校正為早上 10 點 46 分。

香港的經度約為114°，其地區經度時差為：

$$(114-120) \times 4 = -24$$

如果命所報的出生時間為早上10點40分，其真太陽生辰時間為早上10點16分。

節氣接界處排盤須注意事項

即使使用筆者提供的網路排盤程式，還有要注意的事項，特別是如果出生日剛好是節氣轉換的日子。比如二〇二三年6月6日6時18分，節氣由立夏轉到芒種。也就是說在二〇二三年6月6日當日，6

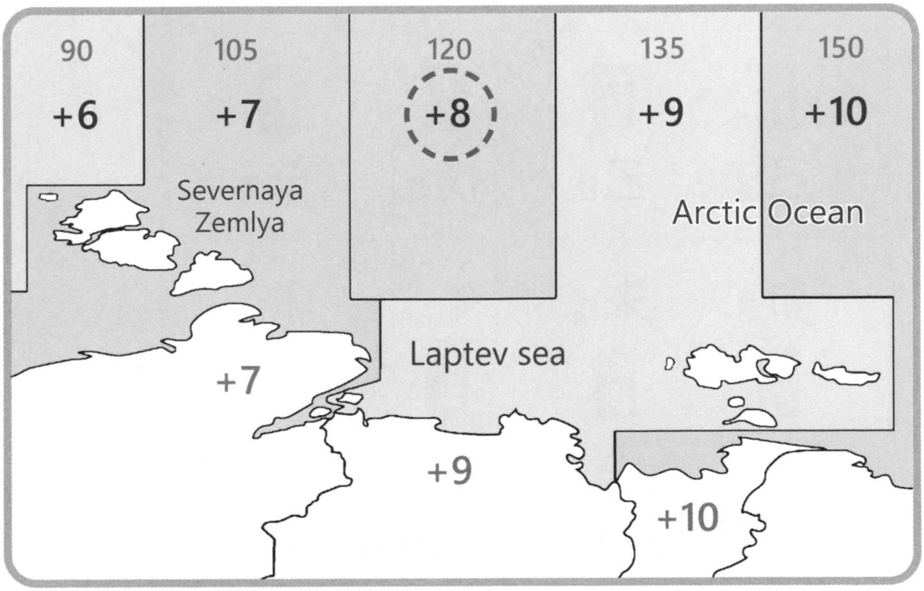

圖76 World Time Zones Map 的局部

時18分之前是丁巳月、之後是戊午月。兩個出生時間即使在同一個時辰，分別在6時18分之前後，那命局排出的月柱就會不同，見〈圖七十七〉。

命盤（男，國曆2023年6月6日6時17分）

偏財	日主	食神	偏印
己陰	乙陰	丁陰	癸陰
卯陰	未陰	巳陽	卯陰
比肩	偏財	傷官	比肩

命盤（男，國曆2023年6月6日6時18分）

偏財	日主	正財	偏印
己陰	乙陰	戊陽	癸陰
卯陰	未陰	午陰	卯陰
比肩	偏財	食神	比肩

圖77 同日、同時辰但是月柱不同的範例

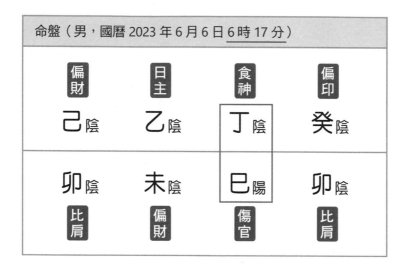

另一個特別的情形，是命主剛好出生在立春節氣轉換的當日，比如二〇二三年2月4日10時42分剛好是立春。事實上，這個時間剛過才會進入癸卯年甲寅月，之前是壬寅年癸丑月。所以二〇二三年2月4日排出的命局，有可能年柱、月柱都不同，見〈圖七十八〉。

命盤（男，國曆 2023 年 2 月 4 日 10 時 41 分）

偏財	日主	比肩	劫財
丁 陰	癸 陰	癸 陰	壬 陽
巳 陽	巳 陽	丑 陰	寅 陽
正財	正財	七殺	傷官

命盤（男，國曆 2023 年 2 月 4 日 10 時 42 分）

偏財	日主	傷官	比肩
丁 陰	癸 陰	甲 陽	癸 陰
巳 陽	巳 陽	寅 陽	卯 陰
正財	正財	傷官	食神

圖 78 同日、同時辰但是年柱及月柱不同的範例

為何我計算的上大運時間和程式計算出的時間差一些

如果讀者仔細驗算，會發現筆者所設計的排盤網頁在計算上運時間，和使用書中的方法所計算出來的結果，最多會有兩個小時的差別。比如，〈卷之三〉第四節【步驟三】所算出的上運時間，根據一時辰折十日，1小時5分應該折算到5日又10小時。如此上運時間應該為出生後2年4月5日又10小時，上運時間應該是二〇一四年10月18日凌晨1時30分。但是排盤網頁的結果如下圖，計算出的上運時間為二〇一四年10月17日凌晨23時44分。

命盤（女，國曆 2012 年 6 月 12 日 15 時 30 分）

偏印	日主	食神	偏印
壬陽	甲陰	丙陽	壬陽
申陽	辰陽	午陰	辰陽
七殺	偏財	傷官	偏財

大運

93	83	76	63	53	43	33	23	13	3
丙	丁	戊	己	庚	辛	壬	癸	甲	乙
申	酉	戌	亥	子	丑	寅	卯	辰	巳

出生後 2 年 4 月又 5 日上運（西元 2014 年 10 月 17 日 23 時 44 分）
每逢甲、己年寒露後 9 天交脫大運

為何會有差別呢？這是因為筆者排盤程式內資料庫的節氣時間是精準到秒，採用中央氣象局提供的資料。二〇一二年、壬辰年的芒種應該為6月5日14時25分53秒。因為最大的誤差為59秒，我們以一分鐘來計算（記得一時辰折十日）：

$$(1\div60)\div2\times10\times24=2\text{ 小時}$$

我們得出節氣時間不考慮到秒，上運時間最多差兩個小時。十年一柱大運才轉換，不考慮精準到秒最多差兩小時，影響不大。同時大多命主的出生時間也不精準。

如果以上的說明有弄清楚，也請讀者想想：

❖ 同一天中不同時辰的命局，上大運的時間最多差多久？

❖ 上大運時間最快及最慢距離出生日有多久？

筆者的聯絡資訊及定期發表文章的地點

黃教授電子郵件信箱

prof.hwang.fortune.telling@gmail.com
寄信給黃教授、命理諮詢服務

黃教授命理八字排盤網站

http://prof-hwang-fortune-telling.org

黃教授命理臉書粉絲團

https://www.facebook.com/prof.hwang.fortune.telling/
每月有命理報報、定期發表文章

黃教授命理部落格

http://prof-hwang-fortune-telling.blogspot.tw
定期發表文章

科學斷八字：邏輯思考輕鬆學命理（四版）

作　　者	黃冠寰 / 江幸芬
封面設計	林書玉
編　　輯	蔡智堯 / 安卡斯
製程管理	洪巧玲
出　　版	深思文化創意科技有限公司
發 行 人	黃朝萍
電　　話	+886-(0)2-2365-9739
傳　　真	+886-(0)2-2365-9835
網　　址	www.icosmos.com.tw
讀者服務	onlineservice@icosmos.com.tw
出版日期	2023 年 10 月四版一刷（200401）
郵撥帳號	1998620-0　寂天文化事業股份有限公司

訂書金額未滿 1000 元，請外加運費 100 元

國家圖書館出版品預行編目資料

科學斷八字：邏輯思考輕鬆學命理 / 黃冠寰，
江幸芬著 . -- 四版 . -- [臺北市]：深思文化
創意科技有限公司，2023.10　面；公分

ISBN 978-986-06891-3-6（20K 平裝）
1.CST: 命書 2.CST: 生辰八字

293.12　　112015940